客户服务沟通能力训练

主　编　彭　媛

副主编　李　鑫　王真真

参　编　张思慧　丁雅谈　杨淑涵

　　　　李　颖　李　洁

机械工业出版社

本书为职业教育国家在线精品课程配套教材。本书依据呼叫中心客户服务与管理职业技能等级标准，结合客户服务企业的真实项目背景，以相关职业能力为核心进行编排，并通过典型工作任务来培养学生的职业能力。本书主要内容包括课程导言以及掌握客户服务礼仪、塑造专业服务表达、运用客户服务用语、掌握优质服务技巧、有效客户沟通技巧、正确处理客户投诉和电商网店客户服务7个学习任务。

本书可作为各类职业院校电子商务及相关专业的教材，也可作为客户服务相关企业的培训教材。

本书配有电子课件、课程大纲设计、课后练习等资源，教师可到机械工业出版社教育服务网（www.cmpedu.com）注册后免费下载，或联系编辑（010-88379194）咨询。

图书在版编目（CIP）数据

客户服务沟通能力训练 / 彭媛主编． -- 北京：机械工业出版社，2025.3． -- ISBN 978-7-111-77962-9

Ⅰ．F274

中国国家版本馆CIP数据核字第2025T1V545号

机械工业出版社（北京市百万庄大街22号　邮政编码100037）
策划编辑：李绍坤　　　　　责任编辑：李绍坤　杨晓昱
责任校对：薄萌钰　刘雅娜　封面设计：鞠　杨
责任印制：常天培
河北虎彩印刷有限公司印刷
2025年6月第1版第1次印刷
184mm×260mm・11.25印张・209千字
标准书号：ISBN 978-7-111-77962-9
定价：42.00元

电话服务　　　　　　　　　网络服务
客服电话：010-88361066　　机　工　官　网：www.cmpbook.com
　　　　　010-88379833　　机　工　官　博：weibo.com/cmp1952
　　　　　010-68326294　　金　书　网：www.golden-book.com
封底无防伪标均为盗版　机工教育服务网：www.cmpedu.com

前　言

客户服务是企业为客户提供服务、满足客户需要的活动，其目的是为客户创造良好的消费体验，实现客户满意与客户忠诚。随着经济的发展和科技的进步，企业为客户提供服务的方式也多种多样。语音客服、在线客服、虚拟客服等在各行各业得到了广泛应用，建立了企业与客户之间顺畅沟通的桥梁。不管是何种服务方式，沟通都是客户服务过程中不可或缺的重要环节。

本书依据呼叫中心客户服务与管理职业技能等级标准编制，积极探索"岗课赛证"综合育人，重在培养学生客户服务沟通的专业能力、社会能力和方法能力。

本书通过设置多重引导问题引导学生主动参与学习的过程。注重发展学生的自主学习能力、创造能力和解决问题的能力，培养学生的思维能力和创造精神，使他们成为独立思考和自我学习的个体。

通过学习任务的展开，使学生掌握专业声音形象塑造、正确运用客户服务用语、积极的沟通表达方式以及投诉处理技巧等知识及操作技能，培养学生的服务意识、专业表达、团队合作等职业素养。

结合书中的典型企业案例及拓展知识，让学生感受祖国的蓬勃发展，凝聚家国情怀，培养爱岗敬业的精神和工匠精神。在培养学生的职业技能的同时重视培养其职业道德、职业素养，提高未来行业从业者的诚信意识。

本书融入大量的真实客户服务案例、音频等，让学生能够切身融入到工作环境中，体会与客户之间的互动，更好地建立与客户沟通的有效桥梁。

本书共7个学习任务，主要内容包括学习任务1掌握客户服务礼仪、学习任务2塑造专业服务表达、学习任务3运用客户服务用语、学习任务4掌握优质服务技巧、学习任务5有效客户沟通技巧、学习任务6正确处理客户投诉、学习任务7电商网店客户服务。建议学时分配如下：

序号	学习任务	学时
1	掌握客户服务礼仪	4
2	塑造专业服务表达	6
3	运用客户服务用语	10
4	掌握优质服务技巧	14

（续）

序号	学习任务	学时
5	有效客户沟通技巧	12
6	正确处理客户投诉	12
7	电商网店客户服务	14

  本书为校企合作共同编写，由河南省中原英才计划"中原教学名师"、郑州幼儿师范高等专科学校彭媛老师担任主编，李鑫、王真真担任副主编，张思慧、丁雅谈、杨淑涵、李颖、李洁参加编写。其中，学习任务1由彭媛编写，学习任务2由李鑫编写，学习任务3由杨淑涵编写，学习任务4由丁雅谈编写，学习任务5由张思慧编写，学习任务6由李颖编写，学习任务7由王真真、李洁编写。彭媛、王真真负责全书的统筹和审核工作。

  由于编者水平有限，书中难免有疏漏和不妥之处，敬请广大读者批评指正。

编 者

目 录

前言

课程导言 1

学习任务 1　掌握客户服务礼仪 11

学习任务 2　塑造专业服务表达 24

学习任务 3　运用客户服务用语 39

学习任务 4　掌握优质服务技巧 61

学习任务 5　有效客户沟通技巧 79

学习任务 6　正确处理客户投诉 109

学习任务 7　电商网店客户服务 143

参考文献 174

课 程 导 言

■ 课程性质描述

客户服务沟通能力训练课程是一门入职客户服务行业的基本技能和必备能力训练的课程，此课程是基于客户沟通工作过程开发出来的学习领域，是客户信息服务或电子商务等财经商贸大类专业的基础课程，也是职业核心课程。通过本课程的学习，学生能够快速掌握与客户沟通的方法和技巧，通过反复练习，可以提升学生服务意识、语言表达能力、逻辑思维能力以及对客服务能力。本课程为呼叫中心电话服务、电子商务在线服务和电话销售等相关课程提供沟通基础，为学生快速适应岗位提供帮助。

■ 职业技能要求描述

通过对呼叫中心客户服务与管理职业技能标准的分析，对于沟通的要求贯穿于整个职业技能标准，涉及初级、中级等级标准中的 7 个工作领域，24 个典型工作任务的数十条职业技能要求，具体内容见表 1 和表 2。

表 1 呼叫中心客户服务与管理职业技能等级要求（初级）

工作领域	工作任务	职业技能要求
1. 呼入客户服务	1.1 客户有效沟通	1.1.1 能够通过倾听、提问和有效引导等沟通技巧，理解客户真正需求
		1.1.2 能够迅速归纳总结客户诉求重点，管理客户期望值，与客户达成协议
		1.1.3 能够结合产品知识为客户提供解决方案
		1.1.4 能够掌握咨询、查询和受理等呼入业务处理流程
		1.1.5 能够理解和疏导客户情绪，积极安抚客户情绪
	1.2 优质语音服务	1.2.1 能够运用客户服务礼仪，使用礼貌用语
		1.2.2 能够掌握吐字发音技巧，使用普通话为客户提供语音服务
		1.2.3 能够熟练掌握客户服务常用语，能够做到专业化的服务表达

（续）

工作领域	工作任务	职业技能要求
1. 呼入客户服务	1.2 优质语音服务	1.2.4 能够保持良好心态，为客户提供友善、热情的语音服务
	1.3 系统操作	1.3.1 能够正确使用呼叫中心业务平台，熟练运用系统进行搜索、查询及电话系统操作
		1.3.2 能够掌握准确、快速的打字方法，听打录入速度能达到50字/分钟（含汉字、数字及特殊标点符号）
		1.3.3 能够用简短文字准确描述客户主要问题及处理意见
		1.3.4 能够根据业务类型选择正确的工单分类及反馈渠道
2. 呼出客户服务	2.1 外呼准备	2.1.1 能够熟练掌握呼出业务流程
		2.1.2 能够根据当前业务（产品）编写话术脚本
		2.1.3 能够根据业务（产品）需要编写调研问卷
		2.1.4 能够结合客户背景资料，编写FAQ
		2.1.5 能够合理安排外呼时间
	2.2 电话外呼	2.2.1 能够使用服务礼貌用语与客户进行交流
		2.2.2 能够根据业务流程开展调研、回访
		2.2.3 能够通过沟通技巧，挖掘客户潜在需求
		2.2.4 能够针对不同业务（产品）类别，为客户提供解决方案
		2.2.5 能够结合客户反馈意见，做好回访计划
	2.3 结果记录及反馈	2.3.1 能够熟练操作业务平台系统、工单系统等
		2.3.2 能够运用核对技巧准确记录客户关键信息
		2.3.3 能够准确记录客户反馈意见及回访结果
		2.3.4 能够用文字准确描述和总结客户问题及处理意见，并选择正确的反馈渠道

（续）

工作领域	工作任务	职业技能要求
3. 在线客户服务	3.1 产品知识运用	3.1.1 能够准确地掌握产品基本信息，包括品名、属性、包装和重量等信息
		3.1.2 能够掌握产品的具体使用方法，并给予客户指导
		3.1.3 能够快速总结产品特点和卖点，进行商品介绍
		3.1.4 能够针对客户提出的问题，结合产品知识进行推荐解答并进行产品推荐
	3.2 客户接待	3.2.1 能够熟练使用计算机及沟通工具
		3.2.2 能够掌握在线客户服务的服务规范、服务技巧及平台规则
		3.2.3 能够迅速了解客户需求，有效引导客户消费
		3.2.4 能够熟知在线客服KPI指标并进行自我管理
	3.3 订单促成	3.3.1 能够了解客户消费心理，并提供最佳方案
		3.3.2 根据客户需求，推荐匹配的产品或服务
		3.3.3 能够合理处理客户异议
		3.3.4 能够有效管理客户期望值并提供超值服务
4. 电话销售	4.1 销售前准备	4.1.1 能够掌握电话销售的一般流程
		4.1.2 能够在电话中给客户建立良好的印象
		4.1.3 能够掌握一般的销售技巧、产品知识，编写话术脚本
		4.1.4 能够了解客户对于产品性能、形态等方面的需求与期望
	4.2 产品推荐销售	4.2.1 能够通过有效倾听和有效提问，获得客户潜在需求信息
		4.2.2 能够熟练运用销售技巧、异议处理技巧，妥善处理客户提问和异议
		4.2.3 能通过话术脚本的执行及各种促销手段的落实完成销售任务
		4.2.4 能够有效管理客户期望值

(续)

工作领域	工作任务	职业技能要求
4. 电话销售	4.3 工单记录反馈	4.3.1 能够熟练操作业务平台系统、工单系统等
		4.3.2 能够准确地用文字描述客户主要问题及处理意见
		4.3.3 能够准确核实信息并生成订单，确保订单正确
		4.3.4 能够根据本次通话情况合理制定跟进计划

表2 呼叫中心客户服务与管理职业技能等级要求（中级）

工作领域	工作任务	职业技能要求
1. 投诉管理	1.1 客户诉求记录	1.1.1 能够准确判断客户投诉类型，并采取对应的服务技巧
		1.1.2 能够通过倾听、提问等方式理解客户投诉诉求并对投诉原因进行深入分析，挖掘客户真实意图
		1.1.3 能够熟练掌握公司产品知识及常见问题，处理客户的疑难问题，引导客户正确使用业务（产品）
		1.1.4 能够针对客户提出的投诉问题进行准确记录
	1.2 情绪管控	1.2.1 能够具备良好的服务意识和投诉处理技巧，有效化解客户疑问
		1.2.2 能够积极应对客户情绪，进行客户情绪的疏导和安抚
		1.2.3 能够对客户的紧急程度进行判断，做好客户投诉升级管理
		1.2.4 能够积极面对客户极端态度，做好自我心理调节，做好自我情绪管理，避免与极端客户发生冲突
		1.2.5 能够通过训练、辅导等方式做好工作压力的舒缓
		1.2.6 能够采用正确的方法处理骚扰客户
	1.3 投诉解决	1.3.1 能够掌握运用客户投诉处理的一般规则和处理方式
		1.3.2 能够运用同理心，让客户感受到企业对于客户的关心和重视，提出客户乐于接受且不损害企业利益的解决方案
		1.3.3 能够针对客户反映的问题灵活处理异议，对投诉未能一次性解决的客户，要及时提交上级，并能按承诺回复客户

（续）

工作领域	工作任务	职业技能要求
1. 投诉管理	1.3 投诉解决	1.3.4 能够对相应的投诉问题进行整理归纳，形成固定的投诉处理话术
2. 服务质量检查与控制	2.1 录音监听	2.1.1 能够熟练操作业务平台系统、工单系统等
		2.1.2 能够严格按照质检标准准确客观地进行录音评定
		2.1.3 能够精准描述录音评语
		2.1.4 能够合理运用多种录音监听方法进行监控
	2.2 录音分析	2.2.1 能够熟练掌握业务知识、服务标准和质检标准
		2.2.2 能够结合客户服务标准进行服务质量分析
		2.2.3 能够结合客户反馈提出产品优化建议
		2.2.4 能够结合客户反馈提出业务流程修改建议
	2.3 问题反馈及辅导	2.3.1 能够准确分析和归纳客服代表的常见问题
		2.3.2 能够全面分析问题，制定有效的改进措施，并跟踪改进措施的实施效果，完善质量监控评估体系
		2.3.3 能够结合录音分析结果进行员工辅导，共同制定改进目标，并跟进监督
		2.3.4 能够按照汇报要求及时准确地提交质检报告
	2.4 培训课程制作	2.4.1 能够掌握业务知识和系统操作，并梳理培训内容
		2.4.2 能够通过分析业务数据、质检结果和投诉案例等多种途径，发现和总结客服代表的常见问题并制作为FAQ
		2.4.3 能够整合业务资源，完成培训资料、培训课件的制作
		2.4.4 能够结合培训需求选择案例、资料、音频和视频等丰富培训内容
	2.5 培训实施	2.5.1 能够运用普通话流利流畅进行演讲
		2.5.2 能够运用语言表达技巧，生动且具有感染力地与学员进行互动沟通

（续）

工作领域	工作任务	职业技能要求
2. 服务质量检查与控制	2.5 培训实施	2.5.3 能够在培训过程中熟练运用案例法、演示法、讨论法和游戏法等培训方式
		2.5.4 能够把握培训进度和维持课堂纪律，做好培训过程的管理
		2.5.5 能够认真做好培训日志的记录，真实反映学员培训情况
3. 坐席管理	3.1 现场管理	3.1.1 能够熟练运用监控系统并结合排班进行考勤管理
		3.1.2 能够具备良好的沟通技巧，做好各部门间的工作协调
		3.1.3 能够熟练掌握运用各项预案，妥善处理突发事件
		3.1.4 能够严格执行现场管理制度，维持工作秩序，提高员工工作效率
		3.1.5 能够及时发现、总结和传递客户服务的危机事件，并及时报送上级领导
		3.1.6 能够定期收集、整理和分析客户投诉意见，形成有效的改善建议后进行汇报
	3.2 数据监控与干预	3.2.1 能够正确使用业务系统提取员工效率及工作质量的相关数据
		3.2.2 能够根据数据监控系统反馈进行现场人员管理
		3.2.3 能够熟练掌握关键绩效指标的定义、计算方法和影响因素
		3.2.4 能够熟练运用各项指标的关联特性，及时调整员工工作状态，确保KPI达成
	3.3 员工辅导	3.3.1 能够具备良好的表达能力和亲和力，做好上传下达工作
		3.3.2 能够对员工的日常工作进行正确的评价和绩效反馈
		3.3.3 能够熟练掌握各项业务知识及系统操作，指导员工完成现场工作
		3.3.4 能够定期收集、整理和分析客户投诉意见，形成有效的改善建议后进行汇报
	3.4 报表制作	3.4.1 能够熟练运用Excel进行数据整理和运算

(续)

工作领域	工作任务	职业技能要求
3. 坐席管理	3.4 报表制作	3.4.2 能够运用呼叫中心关键绩效指标进行计算
		3.4.3 能够熟练运用 Excel 进行报表和图表的设计与制作
		3.4.4 能够针对数据分析结果提出优化方案

■ 典型工作任务描述表

典型工作任务描述见表3。

表3 典型工作任务描述表

课程名称	客户服务沟通能力训练	基准学时	72

典型工作任务描述

与客户有效沟通并提供优质的服务：
1. 客服人员所具备的专业知识和职业素养
2. 使用标准服务用语对客服务
3. 运用沟通技巧与客户有效沟通
4. 正确处理客户投诉

工作内容分析

工作对象	工具、材料、设备与资料	工作要求
客户	1. 计算机 2. 呼叫中心客户服务训练系统 3. 电子商务线上聊天工具 4. 产品及业务知识 5. 话术模板	1. 企业要求：全面了解产品知识，熟练掌握话术内容 2. 客户要求：有较强的沟通能力和逻辑分析能力，了解客户真正需求并能够提供解决方案 3. 专业要求：具备客户服务的礼仪及素养，普通话标准，语速适中

课程目标

知识目标
- 了解沟通礼仪的基本规范；
- 掌握常用的客户服务用语；
- 掌握客户服务的基本原则；

技能目标
- 能够对客户咨询的业务知识熟练应答；
- 能够运用沟通技巧，为客户提供优质服务；
- 能够与客户进行有效沟通并解决客户问题；

(续)

课程目标
◆ 能够正确处理客户的投诉； ◆ 熟练使用呼叫中心自动语音应答系统； ◆ 能够根据产品和客户需求，设计话术； **素质目标** ◆ 培养爱岗敬业的价值理念； ◆ 树立先进的客户服务思想； ◆ 培养良好的职业道德和职业素养； ◆ 训练集体意识和团队合作精神； ◆ 培养精益求精为客户服务的工匠精神。

学习内容
1. 呼叫中心客户服务的礼仪 2. 优质语音服务的标准 3. 客户服务规范用语 4. 客户服务的表达方式 5. 客户服务的有效沟通技巧 6. 客户投诉的处理技巧 7. 网店客服的在线沟通技巧

参考性学习任务		
序号	名称	学时
1	掌握客户服务礼仪	4
2	塑造专业服务表达	6
3	运用客户服务用语	10
4	掌握优质服务技巧	14
5	有效客户沟通技巧	12
6	正确处理客户投诉	12
7	电商网店客户服务	14

教学实施建议
● 本课程是呼叫中心基础知识，在教学过程中，应立足于加强学生职业能力的培养，根据业务流程和工作过程，采用任务教学，以模拟工作任务和情境来提高学生的学习兴趣，激发学生的成就动机

（续）

教学实施建议
● 本课程的关键是教师将教学内容转化成一个个任务，学生通过完成任务，逐级闯关，最后完成教学目标 ● 在教学过程中，主要让学生通过角色扮演体会和演练与不同客户在不同情况下的沟通方法和技巧，提升学生的职业能力和专业素养 ● 可以运用互联网、线上工具、手机、1+X呼叫中心客户服务和管理证书考核系统等信息化手段，激发学生的学习兴趣，提升学习效率

考核建议
● 参考1+X呼叫中心客户服务与管理（初级）的考核要求，客户沟通能力训练可以融入"呼入客户服务""呼出客户服务""在线客户服务""电话销售"四个考核科目 ● 参考1+X呼叫中心客户服务与管理（中级）的考核要求，客户沟通能力训练可以融入"客户投诉处理""录音质检""员工培训""运营管理"四个考核科目 其中，以初级标准中的"呼入客户服务"最具有典型性

■ 课程学习目标

通过本课程的学习，你应该能够：

- 提升普通话水平和打字水平；
- 阐述呼叫中心客户沟通礼仪的基本规范；
- 在不同情境中，灵活运用常用的客户服务用语对客服务；
- 积累对客服务的经验，提升对客服务水平；
- 懂得客户服务的基本原则，并在工作中应用；
- 对客户咨询的业务问题熟练应答；
- 运用沟通技巧，为客户提供优质服务；
- 能够与客户进行有效沟通并解决客户问题；
- 正确面对客户投诉，并妥当处理；
- 客户存在异议时，能够准确记录客户信息，并了解客户真正需求；
- 培养中华优秀传统文化中礼仪、诚信等素养；
- 了解相关产业文化，遵守职业道德准则和行为规范，做一个有责任感的人；
- 培养诚实守信、爱岗敬业、严谨细致和开拓创新的工匠精神。

■ 课堂教学组织形式和教学方法

本课程为基础课程，在掌握基础知识的同时，不断提高学生职业能力。课堂可采用分组练习、角色扮演和情境模拟等教学方法，以教师为主导，学生为主体，教师采用激励、情境创设和信息化等教学策略，激发学生自主学习、主动思考和动手操作的能力，同时，通过自评、互评和师评等多元的评价体系，进一步完善教学方案，提升学生的学习能力和专业素养。

■ 学习情境设计

序号	学习任务	学习任务简介	学时
1	掌握客户服务礼仪	能够掌握电话礼仪的基本规范；通过演练体会客户服务礼仪的重要性，掌握客户服务礼仪的要领	4
2	塑造专业服务表达	掌握塑造专业化表达的方法，能够熟练运用声音技巧与客户沟通，体现职业素养	6
3	运用客户服务用语	能够运用规范的开头语问候客户，并根据不同的情况，运用常用服务用语与客户沟通，解决客户问题	10
4	掌握优质服务技巧	能够灵活运用常用的表达方式和技巧与客户沟通，为客户解答并提出超越客户期望值的服务	14
5	有效客户沟通技巧	运用有效沟通、有效倾听等方法与客户沟通，了解客户真实需要，对话术进行整理，形成优质话术	12
6	正确处理客户投诉	正确面对投诉，快速判断投诉的原因，分析客户投诉的心理，灵活运用处理客户投诉的方法和步骤解决不同类型客户的投诉	12
7	电商网店客户服务	掌握在线客服的标准与技巧，能够熟练处理在线客户的咨询和进行业务处理	14

学习任务 1

掌握客户服务礼仪

 任务描述

你刚刚入职的信息技术服务有限公司是一家专业的客户服务外包公司，拥有多年的行业经验和优秀的客服团队。该公司可提供多渠道的客户服务体验，包括电话客服、在线客服和多媒体客服等，能够满足不同企业客户的需求，为企业的终端用户提供业务咨询、业务办理、产品销售、售后服务和客户回访等服务。

今天是你进行岗前培训的第一天，学习的内容是电话客户服务礼仪。在传统的呼叫中心企业内，电话是企业与客户之间相互沟通的主要方式之一，客服代表从拿起电话的那一刻开始，一言一行都代表公司的形象，时刻要注意自身的言行。在电话接起时，客服代表应用温柔而亲切的问候语开始交流，给客户留下美好的第一印象，这也是客服代表沟通成功的起点；在沟通过程中，及时的礼貌用语、规范的服务用语和良好的服务态度能够帮助客服代表快速解答客户的问题；最后用专业而礼貌的结束语结束通话，这样既能反映客服代表良好的职业素养，又能够为客户带来良好的服务体验。

- 了解电话礼仪在工作中的重要性；
- 在通话过程中，能够注意避免使用电话礼仪中的禁忌事项；
- 能够在通话过程中合理维护企业形象；
- 能够在通话过程中提供超越客户原始期望的满意服务；
- 增强客户服务意识，从而提高职业道德素养。

客户服务沟通能力训练

工作准备

- 理解任务要求,搜集整理电话礼仪的基本规范;
- 搜集常用的客户服务用语。

获取信息

请打开配套资源中的录音文件,分析判断两段录音中体现出的电话礼仪问题。

引导问题1: 呼叫中心客服人员要提供令客户满意的优质服务,首先需要具备良好的电话礼仪,在电话应答服务过程中遵循通话规则和技巧。请查阅资料,整理出基本的电话礼仪,并填写在下方横线上。

选择合适的拨打时间:_____

_____

_____

电话响应时间要求:_____

_____

_____

如何正确地称呼客户(例如,不同年龄、性别和职务等):_____

_____

_____

通话过程中要保持热情,正确使用礼貌用语:_____

_____

_____

耐心倾听,并适时给予回应:_____

_____

_____

控制通话时间:_____

_____

_____

需要客户等待的礼貌用语:_____

学习任务1 掌握客户服务礼仪

结束电话的礼仪：_____

挂断电话的顺序：_____

请写出你查阅到的其他电话礼仪：_____

❓ 引导问题2： 呼叫中心根据业务内容不同，大致可分为呼入型业务和呼出型业务。不同的业务类型，问候语的内容也是不同的。请查阅资料，针对呼入型业务和呼出型业务，分别整理出3个行业的问候语，然后归纳出不同业务类型的问候语模板，填写在下方横线上。

呼入型业务问候语

参考行业1：_____

参考行业2：_____

参考行业3：_____

呼出型业务问候语

参考行业1：_____

参考行业2：_____

参考行业3：_____

> **提示**
>
> 问候是与客户交流过程中很重要的一部分，开始的几秒是至关重要的。问候是对客户的欢迎，也给通话奠定了基调。
>
> 呼入型业务通常是客户主动打来咨询问题或寻求帮助的，客服人员在问候后应婉转询问客户是否需要帮助。呼出型业务通常是客服人员主动打给客户的，在问候后应直言主题，表明来电目的，尽可能言简意赅，不要浪费客户的时间。

制订计划

1. 根据任务安排进行小组分工并完成组内任务，填写表 1-1。

表 1-1　小组工作计划表

班级		组别		指导老师	
组长		学号			
组员及分工	姓名	学号		分工	

任务安排

1）请组内 2 位同学按照案例进行情境模拟。

2）组内同学讨论客服代表在客户服务礼仪方面的欠缺。

3）分组修订话术后，进行第二轮情境模拟训练。

4）选派组内代表进行点评。

情境案例

客服：（带有方言且表达懒散，语速慢）：您好，有什么可以帮您？

客户：（皱眉头，忍耐）：我从你们这儿订了个酒店，说是定好了，但我就是收不到确认短信，我都不知道地址在哪？

客服：（仍然很懒散，语速慢）：你提供一下会员号码，我查一下。

客户：198702011

客服：（过了半分钟，语速超快）：你定的酒店已经定好了，短信已经给你发过两遍了。你要不再等一下？

客户：（客户开始不耐烦客服的工作态度）：那你再发一遍，行吗？要不你现在就直接告诉我酒店地址，我记一下。

客服：（大声并且快速地说）：上海市杨浦区第七大道甲275号上海金色假日国际酒店。

客户：（不由自主地说话也大声起来）：你为什么不能说慢点呢？你们短信发不过来又不是我的问题，再说我也没怪你们，跟你要地址，你还说这么快，我都记不下来。你这是什么工作态度！

客服：我态度没问题啊，不都是按你说的做的吗？

客户：再说一遍，慢点说，这会没时间和你多说，等我到了酒店再投诉你！

2. 请结合情境内容及行业知识，修改案例话术。

_____
_____
_____
_____
_____
_____

> **提示**　沟通过程中，标准而规范的服务用语体现了客服代表的职业素养，能增加客户的认同感，提升企业形象。
>
> 规范而礼貌的结束语会给客户留下美好的印象，同时为企业树立良好的形象。例如，"感谢您的来电，祝您生活愉快，再见！"
>
> 客服代表在沟通的每个环节都要运用标准服务用语，耐心、热情地为客户服务，在展现专业素养的同时帮助客户解决问题。

客户服务沟通能力训练

📖 **任务实施**

1. 在小组内讨论每个组员编写的话术,分析优势,综合每位同学的亮点,确定小组的最终话术,填写表 1-2。

表 1-2 组员成果分析表

话术序号	存在缺陷的内容	改善后的内容
1		
2		
3		
4		

2. 在小组内进行角色扮演,表演对话并录音,然后进行组内评价,填写表 1-3,最后推选出本组的最终代表。

表 1-3 组员话术评价表

组别						
评分项	分值	组员1	组员2	组员3	组员4	组员5
快速响应	10					
礼貌问候	10					
称谓得当	10					
文明用语	20					
积极亲切	20					
音量语速适中	10					
结束语规范	10					
在客户挂断后再挂机	10					
合计	100					

3. 将对话录音和话术的最终电子版提交给老师。

评价反馈

每个学生的成绩评定将按学生自评、小组互评和教师评价三阶段进行,并按自评占 20%、小组互评占 30% 和教师评价占 50% 作为每个学生的综合评定结果。

1. 学生进行自我评价,并将结果填入表 1-4。

表 1-4 学生自评表

班级:_____　　　　姓名:_____　　　　学号:_____

评价项目	评价标准	分值	得分
任务是否按计划时间完成	能够在课程中按时完成任务要求,超时不计分	10	
相关理论完成情况	能够掌握相关理论知识	20	
技能训练情况	能够与组员配合完成技能练习	20	
任务完成情况	能够完成组长分配的工作	20	
任务创新情况	能够在过程中不断完善和创新	10	
材料上交情况	能够准时提交相关任务材料	10	
收获		10	
合计		100	

2. 学生以小组为单位,对组员编写话术的过程及结果进行互评,将互评结果填入表 1-5。

表 1-5 小组互评表

学生姓名		组别		点评学生	
项目	评分项	分值	得分	评价	
快速响应	电话铃响 3 声内及时接起电话	5			
	电话中断后及时回复	5			
通话准备	选择恰当的时段	5			

(续)

项目	评分项	分值	得分	评价
通话准备	查阅客户资料	5		
	及时记录客户关键信息	5		
开场白	主动问候客户	5		
	分时段、节气问好	5		
	说明自己的身份和来意	5		
	询问客户是否愿意接听	5		
语音表达	普通话标准	5		
	表达流畅，没有口头语	5		
	语音亲切	5		
	语速适中	5		
	语调上扬	5		
礼貌用语	带姓氏称呼客户	5		
	提问使用"请"	5		
	需要客户等待或重复时应适时致歉	5		
结束语	结束前再次询问	5		
	结束语完整	5		
	耐心等待客户挂机	5		
合计		100		

3．教师对学生工作过程与工作结果进行评价，并将结果填入表 1-6。

表1-6 教师评价表

学生姓名			组别		
项目	评分项		分值	得分	评价
快速响应	电话铃响3声内及时接起电话		5		
	电话中断后及时回复		5		
通话准备	选择恰当的时段		5		
	查阅客户资料		5		
	及时记录客户关键信息		5		
开场白	主动问候客户		5		
	分时段、节气问好		5		
	说明自己的身份和来意		5		
	询问客户是否愿意接听		5		
语音表达	普通话标准		5		
	表达流畅，没有口头语		5		
	语音亲切		5		
	语速适中		5		
	语调上扬		5		
礼貌用语	带姓氏称呼客户		5		
	提问使用"请"		5		
	需要客户等待或重复时应适时致歉		5		
结束语	结束前再次询问		5		
	结束语完整		5		
	耐心等待客户挂机		5		
合计			100		

拓展思考

1）请举例说明，应如何分时段问好？

2）请思考何时进行外呼更加适合，为什么？

一、电话服务礼仪的概念

电话服务礼仪是指客服人员在电话应答服务过程中遵循的通话规则和技巧，它符合社会意义层面的礼仪规范，同时又紧密切合电话这种服务工具的使用环境和特色。电话礼仪包括礼貌、亲切、理解和尊重他人等。

一名优秀的客服人员需要具备良好的电话服务礼仪，它体现着公司的整体形象和专业水准。具备良好的电话服务礼仪能够在沟通过程中得到客户的信任和配合，从而提高工作效率，快速解决问题。

与客户建立相互信任的关系是提供良好客户服务的关键。为了与客户建立互相信任的关系，客服代表必须学会站在客户的立场去思考问题。

二、电话服务礼仪的具体内容

1）愉快而迅速地接听电话；

2）礼貌地对待打错的电话；

3）打电话给他人时不要先问对方姓名；

4）打好腹稿，表达准确、简明扼要；

5）多使用礼貌用语，例如，"请""谢谢""您""您好"……

6）适时询问客户的称呼；

7）正确地称呼客户；

8）向客户表示友好和关心；

9）通话时表示出兴趣、真诚；

10）主动向客户提供帮助；

11）与客户交谈时给予高度的注意；

12）谈话内容围绕客户需求；

13）抓住谈话重点；

14）简洁、自信地主动回答客户问题的要点；

15）掌握电话的主动性；

16）有原因中断电话时，说明原因并得到客户允许后才可以离开电话；

17）与客户谈话结束后，等待客户先挂电话。

三、选择拨打电话时间

以呼出型业务为主的呼叫中心是主动呼出的行为，在外呼时需要注意拨打时间，为客户着想。

不同的业务类型，外呼的时间段各不相同，但一般情况下应大致控制在 9:00～11:00 和 14:00～17:00，尽量不占用客户的个人时间和休息时间。不要在深夜、凌晨、午休、用餐和公休假时间打电话，除非是情况比较紧急的特殊业务。

若给国外的客户打电话，还应注意其所在地与国内的时差。

四、做好通话准备

在拨打电话前，应提前拟出明确的通话要点，并理出通话要点的顺序，备齐并熟悉与通话内容有关的资料，以免通话时语无伦次或遗漏通话要点。

通话前还要提前查阅客户资料，了解客户以往的业务信息，如果知道客户姓名或职务时可以直接带姓氏称呼，让客户感受到被尊重，例如，"张先生，上午好""赵总，您好"等。

五、电话礼仪中的"宜"与"忌"

1. 电话礼仪的"宜"

● 在告诉客户公司名称之前说："早上好""下午好""晚上好"，如果是重要节日，需要问候客户"节日快乐"，例如，法定假日等；

- 说话时保持愉快的声音并且语速适中；
- 在客户长时间说话时要给予回应；
- 让客户等待时，一定要向他说明原因；
- 谈话过程中要保持冷静，心态要平和，有礼貌；
- 说再见之前要向客户表示感谢；
- 在客户挂电话后才可以挂电话；
- 如果承诺了，就不要忘记给客户回电话，否则容易让客户不信任；
- 记录下需要回复的信息；
- 在客户挂断电话之前要重复一下所记下的东西，尤其是关于电话、邮箱地址和通信地址的信息。

2. 电话礼仪的"忌"

- 问候客户时仅仅说"您好"；
- 客户服务用语中不能说"你""喂"；
- 在很吵或很静的环境中，说话的声音太大或太小；
- 在聆听客户说话时完全保持沉默；
- 很长一段时间没有回应，客户以为电话已经挂断；
- 在客户未挂断电话时就挂断电话；
- 忘记做记录，导致后续工作无法进行下去，又给客户打电话；
- 依靠记忆记录客户问题及信息；
- 未向客户确认所记录信息之前就让客户挂断电话；
- 让客户等候之后马上就告知客户查询结果；
- 频繁使用口头语，例如，"请稍等""就是说""这个（儿）""那个（儿）""没问题""嗯""然后"等，累计超过3次；
- 禁止使用生活随意用语，例如，"喂""我不清楚""啊（升调）""得了""行了""OK""嗯（升调）""唉""你"等；
- 说客户听不懂的专业术语。

拓展阅读

礼仪是一门艺术，是沟通技巧，是行为规范，能帮我们内强素质，外塑形象，增进交往。中国自古就以"礼仪之邦"闻名世界，《礼记·曲礼上》中就有："礼尚往来。往而不来，非礼也；来而不往，亦非礼也"的说法，强调礼仪要双向往来，相互尊重。像《弟子规》《三字经》等传统经典著作就是对中华儿女重礼重道德的生动体现。

学习任务 2

塑造专业服务表达

任务描述

掌握了与客户沟通的基本规范与要点后,我们就要继续学习客服人员应如何进行声音的塑造和专业化的表达。

呼叫中心最基本的工作就是沟通,它的行业特殊性决定了交流不是面对面的,只能通过声音语气传达。研究表明:当人们看不到你时,你的语音、语调变化和表达能力占你说话可信度的85%。呼叫中心客服人员每天接触数以百计的客户,专业优质的语音无疑是成功沟通的基础。

在与客户电话沟通中的声音表达包括语速、音量、语气、音调和节奏五个要素。因此,客服应该使自己的声音清晰、悦耳、甜美和有磁性,塑造专业化的客户服务声音形象。

- 掌握声音表达五要素的要求,并能够灵活运用;
- 掌握专业化表达的服务标准。

工作准备
- 理解任务要求,搜集声音表达五要素的相关信息;
- 开展行业调研,收集整理呼叫中心案例;
- 在日常生活中发现声音的魅力。

学习任务 2　塑造专业服务表达

 获取信息

请打开配套资源中的录音文件，分别对三段录音中的客服代表的语音服务进行评分，0 分为最不满意，5 分为最满意。客户服务代表语音服务评分表见表 2-1。

表 2-1　客户服务代表语音服务评分表

	案例一	案例二	案例三
评分			

请总结在以上三个案例中，客服代表在声音表达上的优点与缺点。

案例一：

案例二：

案例三：

引导问题 1：请总结对客服人员的优质语音服务的要求。

引导问题 2： 请列举在你的家乡，哪些发音容易混淆？

小练习　普通话吐字归音练习口诀

学好声韵辩四声，阴阳上去要分明，部位方法要找准，开齐合撮数口型。
双唇班报必百波，舌尖当地斗点丁，舌根高狗工耕故，舌面积结教坚精。
翘舌主争真知道，平舌资则早在增，擦音发翻飞分复，送气查柴产彻称。
合口呼午枯胡古，开口呼坡歌安康，撮口虚学寻徐据，齐齿衣优摇曳英。
前鼻恩因烟弯稳，后鼻昂迎中拥生，咬紧字头归字尾，阴阳上去记变声。
循序渐进坚持练，不难达到纯和清。

引导问题 3： 请分析客服人员在通话过程语速过快会给客户带来的不良感受。

小练习　请在45秒内有感情地朗读以下内容

　　北京时间2024年11月4日01时24分，神舟十八号载人飞船返回舱在东风着陆场成功着陆，神舟十八号载人飞行任务取得圆满成功。

　　神舟十八号载人飞船于2024年4月25日从酒泉卫星发射中心发射升空，随后与天和核心舱对接形成组合体。3名航天员在轨驻留192天，期间进行了2次出舱活动，刷新了中国航天员单次出舱活动时间纪录，完成空间站空间碎片防护装置安装和多次货物出舱任务，先后开展了舱内外的设备安装、调试、维护维修等各项工作，为空间站长期稳定在轨运行进一步积累了宝贵的数据和经验。

学习任务 2　塑造专业服务表达

💡 **引导问题 4**：请总结在客户服务过程中如何运用声音表达五要素，让客户感知到热情、亲切。

_____
_____
_____
_____

下面这个案例充分展示了语气音量等对客户服务质量的影响。

客服（语气正常）：曾女士，您好，很高兴为您服务，请问有什么可以帮您？

客户（非常着急）：那什么，我刚才用你们的自动存款机还款，钱放进去机器就出毛病了，说什么还款没成功，钱给我吞了，我放里面的1500一张没出来，怎么办啊？我一直都是用自动存款机还款的，从来没出现过这样的问题，这次怎么会被吞呢？对了，还有我的卡也被吞了，到底怎么办啊？

客服（这种事对于客服来讲已经见怪不怪了，语气上有点不耐烦，还有点傲气，因为感觉客户有点大惊小怪）：这个不要着急，问题可以解决的，你存完钱被吞了之后，存款机报错后应该给您打印出一个凭条，上面有AEAR开头的内容吧，您看一下后面的数字是多少？

客户：是139。

客服（语气还是很冷漠）：好的，您刚才存了1500元是么？

客户（客户依然很着急）：恩，正好1500，都吞了，这个到底怎么办啊？

客服：这个需要总行为您做转账，情况我已经记录下来了，转账的时间是5~7个工作日，别着急，等几天。然后在那几天查询一下这笔款是否到账，如果有问题再打电话咨询。

客户（客户心情有点平和了）：这样啊，能解决就行，我以为这钱被你们没收了呢！

客服：这怎么会呢？只是机器的故障导致的，我们都会做记录的。5天后再查账好吧，您看还有其他问题需要解决吗？

客户（客户又着急起来）：有啊，我那卡怎么办？也被吞了啊！

客服（又开始不耐烦起来）：哦，你那张卡是不是到有效期了？要是到有效期了，卡在机器上使用就会被收回的，要不就是机器的故障，这个你联系银行大堂经理就行了，我这帮不了你。

客户：恩，确实是到有效期了，新卡我忘记用了，那我去找大堂经理吧。

客服：还有其他问题吗？

客户：没有了，谢谢。

客服：好的，不要挂机，请对我的服务给予评价。

IVR 语音播报：您好，请您对我的服务给予评价：非常满意，按 1 键；基本满意，按 2 键；不满意，按 3 键。

客户：（客户选择按 2 键）……

上述案例告诉我们：良言一句三冬暖，恶语伤人六月寒。结合客户服务的工作特点，要认识到在客服岗位上要认真对待客户的每一个问题，态度平和，有耐心、不敷衍。我们在日常与人沟通交流时也要注意语调语气和表达方式，平和的语气和耐心的表达会使我们的沟通更加顺利。

引导问题 5：请总结在客户服务过程中如何让对方听到你的"微笑"。

提示　心理学家曾经做过一个试验，让两个陌生人通过电话进行交流，同时，要求他们评价感受到的通话对方的面部表情及肢体动作。试验结果发现，如果其中通话一方微笑，另一方会有比较明显的感受。现在，这个现象逐渐被越来越多的人意识到，并将其运用到服务行业的管理中。目前，多数呼叫中心都遵循着这样一条理念："让客户听得见你的微笑"，并以此为标准，为每一个坐席配置一面小镜子，仿佛时刻都在提醒着客服代表："这通电话你微笑了吗？"

 **制订计划**

1. 组织团队并进行小组分工,填写表 2-2。

表 2-2 小组工作计划表

班级			组别		指导老师	
组长			学号			
组员及分工	姓名		学号		分工	

任务安排

1)时间:15 分钟,其中实训时间 10 分钟,交流总结时间 5 分钟。

2)分组方法:分小组进行实训,每组 2 人。

3)角色分配:每组 1 人扮演客户,1 人扮演客服代表;一轮实训结束后进行角色互换。

2. 请分组朗读以下话术,过程中应体现声音表达五要素的技巧。

客服:您好,3098 号很高兴为您服务,请问有什么可以帮您?

客户:你们公司的工作效率也太差劲了吧!我上个月发的快递,到现在都快两个星期了,那边还没收到货。你说怎么办吧!

客服：非常抱歉，因为我们的工作失误给您的生活带来不便。请提供一下快递的单号，我来帮您查一下出了什么状况，好吗？

客户：KYCQ××××××××6527，你查吧！

客服：先生，您好！感谢您的耐心等候！您的快递正常情况应该是前天的下午抵达目的地，但是由于运输中途的豫中地区突降暴雪影响了交通，所以耽搁了两天的时间，这个情况相信您在新闻中也看到了。目前预计是明天下午才能到达，给您带来的不便再次表示歉意！

客户：哎（～）怎么会这样啊，赶得也太巧了。你知道这样会影响客户对我的信任的，客户已经催促我很多次了，我都不知道该如何解释。

客服：因为天气的原因造成的邮件延误是谁都不想的，好在天气目前已经好转，邮件预计明天下午才能到达，我这边先帮您做好备注，快件到达后优先为您派送，您看好吗？感谢您的耐心等待！

客户：那好吧，你一定要帮我备注好，这是很重要的文件！

客服：好的，您的心情我们非常理解，我已经安排KYCQ××××××××6527到达投递站后优先进行派送，请您放心。

客户：好的，你们的服务还是很不错的，以后我还是会继续使用你们的服务的。

客服：非常感谢您对我工作的认可，也再次感谢您选择××快递。请问还有什么可以帮助您吗？

客户：没有了，谢谢你啊！

客服：不客气，感谢您的致电，祝您生活愉快，再见！

> **提示**
>
> **朗读训练的技巧**
>
> 本段话术在课程实训中是需要同学们反复进行训练，以达到语音、语调、语速和音量等各方面的良好运用。
>
> 这里介绍一种练习方法，我们都知道唱歌的人都有歌谱，同样说话的时候也可以使用话谱，我们最好要养成每天朗读的习惯，在朗读的文章上用一些简单的符号来代表一些含义，例如，～代表连读无停顿；— · — · —代表有节奏的停顿；ˆ（向上的箭头）代表音调上扬；ˇ（向下的箭头）代表音调下调。总之，自己可以

学习任务 2　塑造专业服务表达

设计一些符号来代表不同的意思,在所读的文章上进行标注后再朗读,这样下来就会养成良好的语音习惯。

本段话术的客服代表讲解的内容偏多,这就需要做到吐字清晰,表达合理,无论是音调还是语速都会影响客户的理解。

十年磨一剑,歌唱家在台上动人的表演与其在台下艰苦的练习是分不开的,同样作为一个优秀的客服代表,也要在说话方面下苦功夫,弘扬工匠精神,精益求精,在普通的岗位上做出不普通的成绩。

任务实施

1. 在小组内分组进行多轮朗读训练,每一轮结束后,同学们记录和反馈训练过程中的优缺点,总结和改善后再进行第二轮训练,最少进行 3 轮,并将记录填入表 2-3。

表 2-3　组员成果分析表

轮次	表现良好的内容	存在缺陷的内容	如何改善
1			
2			
3			

2. 在小组内进行角色扮演,表演对话并录音,然后进行组内评价,填写表 2-4,最后推选出本组的最终代表。

表 2-4　组员话术评价表

组别							
评分项	分值	组员 1	组员 2	组员 3	组员 4	组员 5	
咬字清晰	20						
音量适中	10						
音色甜美	10						
语调柔和	10						

(续)

评分项	分值	组员1	组员2	组员3	组员4	组员5
停连达意	10					
用语规范	10					
感情亲切	10					
语气平和	10					
微笑服务	10					
合计	100					

 评价反馈

每个学生的成绩评定将按学生自评、小组互评和教师评价三阶段进行，并按自评占20%、小组互评占30%和教师评价占50%作为每个学生的综合评定结果。

1．学生进行自我评价，并将结果填入表2-5。

表2-5　学生自评表

班级：＿＿＿＿＿＿　　姓名：＿＿＿＿＿＿　　学号：＿＿＿＿＿＿

评价项目	评价标准	分值	得分
任务是否按计划时间完成	能够在课程中按时完成任务要求，超时不计分	10	
相关理论完成情况	能够掌握相关理论知识	20	
技能训练情况	能够与组员配合完成技能练习	20	
任务完成情况	能够完成组长分配的工作	20	
任务创新情况	能够在过程中不断完善和创新	10	
材料上交情况	能够准时提交相关任务材料	10	
收获		10	
合计		100	

2. 学生以小组为单位，对组员编写话术的过程及结果进行互评，将互评结果填入表 2-6。

表 2-6　小组互评表

学生姓名		组别		点评学生	
评分项	分值	得分	评价		
咬字清晰	20				
音量适中	10				
音色甜美	10				
语调柔和	10				
停连达意	10				
用语规范	10				
感情亲切	10				
语气平和	10				
微笑服务	10				
合计	100				

3. 教师对学生工作过程与工作结果进行评价，并将结果填入表 2-7。

表 2-7　教师评价表

学生姓名		组别	
评分项	分值	得分	评价
咬字清晰	20		
音量适中	10		
音色甜美	10		
语调柔和	10		

(续)

评分项	分值	得分	评价
停连达意	10		
用语规范	10		
感情亲切	10		
语气平和	10		
微笑服务	10		
合计	100		

拓展思考

1）在重复性较强的客户服务工作中，客服代表应如何保持发自内心的微笑？

2）客服代表应如何保护嗓音？

拓展学习

一、优质语音服务的基本要求

- 咬字要清晰：发音标准，字正腔圆，没有乡音或杂音。
- 音量要恰当：说话音量既不能太高，也不能太低，以客户感知度为准。
- 音色要甜美：声音要富有磁性和吸引力，让人喜欢听。
- 语调要柔和：说话时语气语调要柔和，恰当地把握轻重缓急、抑扬顿挫。
- 语速要适中：语速适中应该让客户听清楚你在说什么。
- 停连要达意：沟通过程中要合理地停连，以达到正确表达语义以及强调重点的目的。
- 用语要规范：准确使用服务规范用语，"请、谢谢、很抱歉……"不离嘴边。
- 感情要亲切：态度亲切，多从客户的角度考虑问题，让他感到你是真诚为他服务的。
- 心境（语气）要平和：无论客户的态度怎样，客服始终要控制好情绪，保持平和的心态。

二、声音表达五要素

下面着重针对声音的五要素语速、音量、语气、音调和节奏进行详细讲解。

1. 语速

语速太快,容易使客户听不懂或听不清楚;语速太慢,会给客户一种不自信的感受,也会让客户感觉你的工作态度不认真,会认为客服并不重视客户。

客服在日常工作中的节奏十分快,由于长期养成的工作习惯,很容易语速变快,控制语速是客服应具备的能力之一。通常情况下,语速控制在每分钟240个字左右比较合适,但也要注意与客户语速要匹配。也就是说,客户语速快的时候,客服就要适当地加快语速;客户语速慢,客服的语速也要相应慢一些。必须让客户听清楚,也就是咬字一定要清晰。另外,表达不同语境的语义时,语速的快慢也有很大的影响。请用不同的语速尝试表达:"据新华社报道,台风即将抵达我市。"这句话,体会在不同语速下所代表的含义。

语速快,会起到刺激和激励的作用;语速慢,会起到强调、渲染以及控制的作用。上面提到正常的语速每分钟240个字左右,但是这个频率不是永恒不变的,当客服表达专业内容和比较难表达的内容时,语速要适当放慢,这样做的作用是能够起到强调的作用,引起客户注意,另外也能保证吐字清晰。

2. 音量

客服与客户通话时,音量过高会给客户一种缺少涵养、急躁的感觉;音量过低容易给客户传达一种不自信并且消极对待客户的感觉。所以,音量的高与低能够直接反映出一名客服的职业素养。请用高、低不同的音量去尝试表达下面一句话,进行体会:"我首先要核实一下,才能为您处理。"

客服每天的通话时间比较长,很容易产生疲劳,所以在工作中要注意调节耳机的麦克风与嘴之间的距离。发出同样的声音时,麦克风距离嘴近一些,音量就会较大;距离嘴远一些,声音就相对减小。所以,要根据自身的音量大小来调节麦克风与嘴的距离。

3. 语气

语气能表现出客服的内心态度。对于客服的语气要求是：平和中带有激情，耐心中表达爱心，要杜绝出现不耐烦的语气。在工作中经常遇到这样的客户，针对一件事情需要解释很多遍，客服在说第一遍和第二遍的时候语气还可以，但是第三遍以后很可能就带有不耐烦的情绪，这种情绪非常容易通过语气表露出来，也很容易被客户察觉到，使客户产生不好的感觉。

4. 音调

由于工作的特点，客服容易用一种音调和所有的客户讲话，就像播音员一样缺少变化，语气也缺少了激情和活力。往往这种情况在呼出电话时，客户会误以为接到了一个电脑语音播报的电话。

客服通话的时候音调要自然，尽量做到有高低之分，勤于变化。不要机械化表达，一定要让客户感觉到亲切、舒服。如果声音平平淡淡，客户会听出你的心不在焉。

5. 节奏

节奏就是恰到好处地停顿、连接。说话时掌握了节奏感，就可以控制谈话的进度，也有机会让客户充分表达自己的意思。有经验的客服可以根据客户的语言节奏来决定自己的语言节奏，从而使双方的沟通过程非常默契。

另外，由于呼吸的生理需要，也会导致停连的不恰当。当客服换气不合理的时候就会导致节奏不协调，停连不恰当，表达的语义也因此有所改变。

三、科学的发声训练方法

用嗓不科学，容易造成声音嘶哑、喉咙红肿，甚至声带发生病变。系统科学地提高发声能力（例如，气息和共鸣控制、吐字归音及正确用声），是每个客服应该了解和掌握的。

口腔灵活，说话才利索。一个人通常能感觉到早晨起来说话没有下午或者晚上那么顺当。因为，嘴部的肌肉休息了一晚上，当然没那么灵活。所以，做做口腔体操，可以帮助我们更好地使用嘴巴。

1. 口的开合练习

张嘴像打哈欠，闭嘴像啃苹果。开口的动作要柔和，两嘴角向斜上方扬起，上下唇稍放松,舌头自然放平。做这个练习,可以克服口腔开度的问题。

2. 咀嚼练习

张口咀嚼与闭口咀嚼结合进行,注意舌头要自然放平。

3. 双唇练习

双唇闭拢向前、后、左、右、上、下,以及左右转圈双唇达响。

4. 舌头练习

舌尖顶下齿,舌面逐渐上翘。

舌尖在口内左右顶口腔壁,在门牙上下转圈。

舌尖伸出口外向前伸,向左右、上下伸。

舌在口腔内左右立起。

舌尖的弹练,弹硬腭、弹口唇。

舌尖与上齿龈接触打响。

舌根与软腭接触打响。

四、微笑服务的重要性

1. 微笑服务能带来良好的第一印象

在沟通过程中,第一印象表现为对服务人员的仪表、言谈和举止等方面的观察而形成的感觉。第一印象虽是短暂,但决定着客户对客服人员所代表的公司、项目的第一印象,那么"微笑"服务就必不可少。

2. 微笑服务能给客户服务工作带来便利,提高工作效率

在沟通过程中,由于微笑的表情,客户服务人员很自然地使用温和的语调和礼貌的语气,这不仅能引发客户发自内心的好感,有时还可稳定客户焦虑急躁的情绪。而客户情绪稳定、态度配合,也有利于客户服务工作的开展。同时,在沟通过程中,微笑也会给客户服务人员自身带来热情、主动和自信等良好的情绪氛围,可使客户服务人员身心健康,提高工作效率。

3. 微笑服务能为公司带来良好的经济效益

客户服务人员既是个人又代表公司，这两种角色彼此依赖又互为联系，如果客服人员都能做到微笑服务，客户不仅会对客服人员产生良好的印象，而且还将这一具体感受升华到对公司的认可。

随着社会的发展，人们的思想观念有了很大的变化，消费者享受服务的意识越来越强，要想在竞争中求生存、求发展，就必须争取以微笑服务和特色服务赢得更多客户的青睐。所以微笑服务是非常重要的。

拓展阅读

世界精神卫生组织把每年的5月8日订立为世界微笑日，世界微笑日又称国际微笑日，是唯一一个庆祝人类行为表情的节日。

"微笑是人类最美的表情。"

的确，当你的嘴角轻轻上扬45度，眼里充满善意的光辉时，有谁能找出比这更美的表情？

艺术家笔下的微笑，是那么亲切、那么触动人心。微笑从遥远的古代开始，一直传承到现在，每个朝代、每个地点，微笑都以它独特的美丽而存在。小小的一个微笑看似不足挂齿，然而它的力量是任何其他东西所不能超越的。

微笑如阳光，能融化心头的坚冰；

微笑如微风，能驱散心头的阴霾；

微笑如清泉，能滋润心头的荒芜。

微笑代表的不仅是一种表情，它更代表一个人的内涵、修养或是品质。当你被别人踩到脚时，一个微笑就能消散对方不安的情绪；当你面临严峻的考验时，一个微笑就能增加自己挑战的勇气；当你看见别人出错时，一个微笑就能消除他的尴尬。对父母微笑，使他们感受到你的爱；对老师微笑，使他们收获一份尊重；对同学微笑，使他们收获友情的温暖。

学习任务 3

运用客户服务用语

 **任务描述**

在前两个任务中我们学习了客户服务的常用礼仪和专业化表达，但要实现优质的客户服务还远远不够。在受理客户诉求时，客服应严格依照企业的服务标准，规范服务用语，为客户提供优质的服务。

同时，在与客户沟通的过程中，每一秒都很宝贵，客户服务人员应熟练运用专业的服务用语，快速准确地将信息传递给客户，这样不但提高自身的工作效率，也为客户节省了时间。

学习目标
- 能够灵活地使用常见的客户服务用语；
- 能够掌握常用客户服务表达方式；
- 能够恰当地使用礼貌用语积极回应客户。

工作准备
- 理解任务要求，掌握客户服务的基础礼仪和专业化声音表达；
- 熟悉呼叫中心呼入呼出业务流程；
- 了解呼叫中心在各行业的应用。

客户服务沟通能力训练

 获取信息

请分组进行实训，每组2人，1人扮演客户，1人扮演客服；一轮实训结束后进行角色互换。

情境1

客服代表：你好，请讲。

客户：我想查一下我的××卡在不在电话银行上。

客服代表：××号，没有。

客户：那你帮我查一下，是不是登记到别的卡号上了？

客服代表：查不到。肯定是没注册上，你在哪里办的？

客户：××柜台。

客服代表：那你要到柜台去一下，重办一次。

客户：你能否帮我查一下，是挂错了还是没挂上。

客服代表：一定是××支行做错了，他们经常出错，我这里查不到，你到柜台去。

客户：查不到原因，我去干什么呀？

客服代表：我们这里的业务必须要到柜台办理的，这样吧，留下你电话，我打电话叫他们来找你。

……

客服代表：是××吗？我是××网点的，我们单位客服代表打电话来，正好我接电话，但我不是这里的负责人，你明天下午再来一趟好吗？

客户：你能否帮我查一下卡是否挂到电话银行了？还是挂错了？

客服代表：你是哪天挂的？谁帮你挂的？

客户：一周前，好像是左边的第一个柜台。

客服代表：你记错了，我问过了，左边第一个没帮你办过。

客户：我就想问一下，你能否帮我查一下卡是否挂到电话银行了？还是挂错了？

客服代表：那我查不了，他们都讲没办过，我要到楼上帮你翻，很麻烦的，况且我也不是这里的负责人，只是正好接到这个电话。

客户：那你给我打这个电话，是什么意思呢？

学习任务3 运用客户服务用语

客服代表：我也不是这里的负责人，只是正好接到这个电话。你找我们经理好了。

客户：我就问个简单的问题，你们搞了这么一大圈，什么问题也没解决，你们怎么回事？

情境2

客服代表：您好！欢迎致电××呼叫服务中心，请问有什么可以帮助您？

客户：我想查一下我的××卡在不在电话银行上。

客服代表：您是想核实一下您的××卡是否开通了电话银行功能，是吗？

客户：是的。

……（查询客户资料）

客服代表：感谢您的等候，您的××卡没有开通电话银行功能。

客户：那你帮我查一下，是不是登记到别的卡号上了。

客服代表：好的，我为您查询一下没有办理的原因，请您留下联系电话，我在××时间内回复您，行吗？

客户：好的，13×××××××××。

客服代表：请问您还有其他问题吗？

客户：没有了。

客服代表：感谢您使用我们的服务。再见！

分组演练，请完成以下相关讨论：

引导问题1：请从客户的角色出发谈谈两个案例中客服人员给您的感受。

_____
_____

引导问题2：请点评情境1中的客服人员的表现？

_____
_____

引导问题3：请点评情境2中的客服人员的表现？

_____
_____

引导问题 4： 请总结当需要客户等待时的话术。

_____

_____

引导问题 5： 请总结当无法听清客户声音时的话术。

_____

_____

引导问题 6： 请总结当需要客户提供身份证信息进行核实时的话术。

_____

_____

引导问题 7： 请总结当客户说方言时的话术。

_____

_____

引导问题 8： 请总结当客户要求进行电话转接时的话术。

_____

_____

> **小知识**
>
> 　　中国地域广阔，汉语方言众多。2000年10月31日颁布的《中华人民共和国国家通用语言文字法》确定汉语普通话为国家通用语言。
>
> 　　根据教育部《中国语言文字概况（2021年版）》介绍，汉语方言通常分为十大方言：官话方言、晋方言、吴方言、闽方言、客家方言、粤方言、湘方言、赣方言、徽方言、平话土话。各方言区内又分布着若干次方言和许多种"土语"。其中使用人数最多的官话方言可分为东北官话、北京官话、冀鲁官话、胶辽官话、中原官话、兰银官话、江淮官话、西南官话八种次方言。
>
> 　　不管是哪里的方言都是中国话，《周易》云："天行健，君子以自强不息。"文化亦然，自强不息，与时俱进，拥文化自信，方能使悠悠文墨，贯穿古今。

制订计划

组织团队并进行小组分工，填写表3-1。

学习任务 3　运用客户服务用语

表 3-1　小组工作计划表

班级		组别		指导老师	
组长		学号			
组员及分工	姓名		学号		分工

任务实施

1. 小组讨论在日常快递业务中会遇到的常见问题并记录在表 3-2 中。

表 3-2　小组讨论记录表

组员	发言内容

2. 请参考行业资料，依据本任务学习内容，融合话术情境，扩写一段完整的客户与客服之间的呼入业务话术。

呼叫中心在速递物流行业的应用

上门揽收：为客户实现业务的快速发展及扩展，为客户提供更加便捷的服务。

货物查询：为客户及时提供运输信息。

疑难问题处理：货件在运输过程中长时间未到、投递不成功、货物丢失、加急派送和更改地址等。

客服：_____

客户：_____

客服：_____

客户：_____

客服：_____

客户：_____

客服：_____

客户：_____

客服：_____

客户：_____

客服：_____

客户：_____

客服：_____

客户：_____

客服：_____

客户：_____

客服：_____

评价反馈

每个学生的成绩评定将按学生自评、小组互评和教师评价三阶段进行，并按自评占20%、小组互评占30%和教师评价占50%作为每个学生的综合评定结果。

1. 学生进行自我评价，并将结果填入表3-3。

学习任务 3 运用客户服务用语

表 3-3 学生自评表

班级：_____   姓名：_____   学号：_____

评价项目	评价标准	分值	得分
任务是否按计划时间完成	能够在课程中按时完成任务要求，超时不计分	10	
相关理论完成情况	能够掌握相关理论知识	20	
技能训练情况	能够与组员配合完成技能练习	20	
任务完成情况	能够完成组长分配的工作	20	
任务创新情况	能够在过程中不断完善和创新	10	
材料上交情况	能够准时提交相关任务材料	10	
收获		10	
合计		100	

2. 学生以小组为单位，对组员编写话术的过程及结果进行互评，将互评结果填入表 3-4。

表 3-4 小组互评表

学生姓名		组别		点评学生	
评分项	分值	得分		评价	
开头语	10				
请求配合用语	10				
电话等待用语	10				
电话转接用语	10				
电话无声用语	10				
电话嘈杂用语	10				
处理抱怨用语	10				

（续）

评分项	分值	得分	评价
暂时无法回复用语	10		
电话等待用语	10		
结束语	10		
其他用语	—		
合计	100		

3．教师对学生工作过程与工作结果进行评价，并将结果填入表 3-5。

表 3-5　教师评价表

学生姓名		组别	
评分项	分值	得分	评价
开头语	10		
请求配合用语	10		
电话等待用语	10		
电话转接用语	10		
电话无声用语	10		
电话嘈杂用语	10		
处理抱怨用语	10		
暂时无法回复用语	10		
电话等待用语	10		
结束语	10		
其他用语	—		
合计	100		

学习任务3 运用客户服务用语

拓展思考

1）请总结开头语的重要性。
2）我们在与客户沟通时应遵循哪些原则？

拓展学习

规范的服务用语包括：文明用语，语言亲切，语气诚恳，音量适中，语速与客户匹配；仔细倾听，耐心解答，对客户表现出同理心；不推诿客户，委婉地说"不"，敢于承担责任；自信、热情，让客户感受到客服的微笑；快速响应客户要求，准确记录诉求信息等。

不规范的服务用语包括：服务用语过于生活化；过于随意；用怀疑的语气质问客户；使用专业术语导致客户不理解；挑客户的语病；推诿责任，敷衍客户；过分强调自己的正确性；说其他部门或同事的不是；言行不一；过度承诺；打断或中途挂断客户的电话；急于结束服务。

一、开头语及问候时的规范用语

1. 问候客户时

铃声响三声之内应接听电话，并致以问候语，自报姓名或工号，婉转地询问客户是否需要帮助。当然不同的操作系统有不同的报开头语的要求，很多系统都会自动报工号。

接听电话的时候，应以积极、开朗的语气，微笑着表达自己的问候。如果使用的系统具有来电弹屏的功能，老客户来电时会显示客户姓名，这个时候就一定要带客户的姓氏问候客户。

规范的服务用语例句如下：

- 您好，5085号很高兴为您服务，请问有什么可以帮您？
- 您好！欢迎致电××呼叫服务中心，请问有什么可以帮您？
- 上午好，张先生，请问有什么可以帮您？
- 节日快乐，张先生，请问有什么可以帮您？

如果客户问候客服人员，座席应该礼貌地回应，例如，"谢谢"等，简单回应即可。

避免在电话中使用以下不礼貌用语:"喂,你找谁?""什么事情?""怎么样?""喂,有个事情。""你好,有什么事情,你说吧!""你好,请讲。"

注意:

接听电话时,耳机的麦克风应该放在嘴唇的右下方,距离嘴唇大概1厘米的距离。

外呼电话时要选择适当的时间。一般的公务电话最好避开临近下班的时间,因为此时打电话,对方往往急于下班,很可能得不到满意的答复。首先通报自己的姓名和身份。必要时,应询问对方是否方便,在对方方便的情况下再开始交谈。

2. 遇到无声电话时

如果在接听电话之后出现没有声音的情况,很有可能是客户在等待过程中没有关注到电话已经被人工坐席接起,这时客服人员应保持微笑地说:"您好,这里是×××客服中心,您的电话已经接通,请问有什么可以帮助您的吗?"

间隔3秒左右,如还是没有声音,可以继续提示客户:"您好,您的电话已经接通了,请问您能听到我的声音吗?"

如果仍然听不到客户的回应,可以再耐心提示客户后挂断电话,提示语为:"对不起,由于电话信号不好,请您稍后重新拨打,感谢您的来电,再见!"

二、当客户无法听清时

1. 用户使用免提导致无法听清时

当客户使用免提时,你如果听不清楚,可以婉转地告诉客户:"对不起,我听不清您的声音,请问您使用的是免提吗?"如果客户没有使用免提,应礼貌地说:"对不起,由于话机的原因,我暂时听不清楚您提的问题,请您换一部电话再打过来好吗?"

规范的服务用语例句如下:

- 对不起,您的声音我听得不是很清楚,麻烦您将免提关闭,重新讲一遍,可以吗?

避免使用以下用语:

- 你那边吵死了,我啥也听不见。

2. 用户声音小导致无法听清时

如果通话过程中,客户的声音很小,座席此时应该及时将电话的音量调整到合适的程度。如果话机的音量已经调整到合适的程度，应该微笑地提醒客户。如果还是听不清，可以再重复一遍，重复的时候语气要轻柔委婉。

规范的服务用语例句如下：

- 对不起，我听不清楚您的声音，麻烦您大声一点，可以吗？
- 对不起，由于电话的声音太小，请您换一部电话重新拨打，好吗？谢谢您的来电。再见！
- 对不起，我没有听清楚您说的最后一句话，麻烦您重复一遍，可以吗？

避免使用以下用语：

- 你说话声音大一点，大声点！
- 我听不清楚，你的声音怎么这么小呢？
- 你的音质太差了，我一点都听不清楚。

注意：

当客户提出座席的声音太小的时候，你可以将耳机的麦克风往嘴边靠近一些，并且提高自己的音量，确认客户能够听清了，再说："请问有什么可以帮助您的吗？"如果声音已经足够大，客户仍然无法听清楚，你可以请客户换一部电话重新拨打，而不宜再提高音量，以免影响其他同事的工作，应该说："非常抱歉，我这里的声音已经调至最大，如果您还是听不清楚，请换一部电话重新拨打，好吗？"

3. 遇到客户讲方言时

呼叫中心是集中受理客户诉求的信息平台，很多大型的呼叫中心是服务于全国客户的，客服人员每天的工作是与来自全国各地的客户进行沟通，因此常常会遇到讲方言的客户，这就给客服人员与客户的沟通造成了障碍，但是通常情况下，客户并不知道呼叫中心所在的位置，就会以为是本地客服中心接听的电话，所以，电话中客户会比较习惯使用当地的方言，这个时候就需要客服人员进行解释。

规范的服务用语例句如下：

- 对不起，麻烦请您讲普通话，好吗？谢谢您！
- 很抱歉，您讲的方言我听得不是很明白，请您讲慢一些，可以吗？
- 对不起，我们是全国的客服中心，听不太明白您当地的方言，麻烦您用普通话重复一遍，可以吗？非常感谢您的配合！

注意：

如果提示之后客户还在继续讲方言，不讲普通话时，客户代表可以婉转地说："您所讲的内容对我们非常重要，但实在抱歉，您的方言我听得不太明白，请您找一个可以讲普通话的人来帮您接听电话，可以吗？感谢您的配合！"

避免使用以下用语：

- 你说的是什么呀，我不懂。
- 我不知道您说的是什么。

4. 因客户周围杂音大或者信号不好时

有时候客户打电话所处的环境比较嘈杂，例如，正在闹市区或者菜市场等，如果客服人员听不清楚的话，可以礼貌地提示客户。

规范的服务用语例句如下：

- 对不起，您周围的声音有些大，我听得不是很清楚，如果您方便的话，换个地点打过来，好吗？
- 对不起，您那边的信号不是很好，如果您方便的话，换一个信号好些的地方打过来，好吗？
- 实在抱歉，我听不清您的声音，我挂掉电话后再马上给您打回去，可以吗？

避免使用以下用语：

- 你说话大声点。
- 大声点，我听不清。
- 你的声音怎么这么小？
- 你的电话音质太差了，我听不清。

三、沟通过程中使用的规范用语

1. 需要客户重复时

当客户的通话信号不好或者通话环境嘈杂等原因导致客服人员没有听清楚客户说的话时，客服人员需要请求客户再重复一遍，表达要礼貌委婉。

规范的服务用语例句如下：

- 对不起，您那边的信号不是很好，请您重复一遍，可以吗？

学习任务3 运用客户服务用语

- 对不起，可以麻烦您将刚才的问题重复一下吗？
- 非常抱歉，由于您那边的环境比较吵，您刚才说的话我听得不是很清楚，麻烦您再讲一遍，可以吗？

避免使用以下用语：

- 啊！什么？
- 你说什么？

2. 让客户等待的时候

在与客户通话沟通中，经常会有需要客户等待的情况，例如，给客户开通业务、查询订单和转接等，这个时候客服人员应该首先告诉客户"为什么"要等待，其次要使用"询问"语句征得客户的同意，再次，要给客户一个等待时限。

规范的服务用语例句如下：

- ××先生/女士，就您所提的这个问题我要查询相关具体资料，请您稍等1分钟，好吗？
- 我需要帮您核实一下情况，这可能需要您等待1分钟左右，您方便在线等待一下吗？
- 由于查询数据需要一些时间，不好意思，要耽误（您）一点时间。
- 这个问题我帮您查询一下，好吗？请您稍等1～2分钟。
- 感谢您的耐心等待。
- 对不起，让您久等了。

注意：

如果等待的时间过长，中途需要再次告诉客户："很抱歉，正在查询，请您再耐心等待一下，好吗？"

3. 需要客户提供资料时

不同业务的呼叫中心需要客户提供不同的信息资料，例如，快递呼叫中心通常需要客户提供快递单号，会员制的呼叫中心一般需要客户提供会员注册时候留下的手机号码，银行类的呼叫中心需要客户提供账号的相关信息等。

一般来说，常见的需要客户提供的信息有姓名、地址、电子邮箱、身份证号码和联系方式等，当客服人员要向客户索要信息时需要运用专业的客服语言。

规范的服务用语例句如下：

- 请问该怎么称呼您？
- 为了更好地为您服务，请问您的姓名是什么？
- 为了准确地向您提供服务，请您将产品的型号告诉我。

注意：

客户提供完自己的信息之后，客服代表应重复一次客户的信息，避免查询错误，例如，"我跟您核对一下，您的联系方式是××，对吗？"

避免使用以下用语：

- 你叫什么名字啊？
- 身份证号码是多少？

4. 客户需要转接时

当客户所咨询的问题不在你的服务范围之内时，或者客户要求某个客服人员为其解答问题的时候就需要运用转接电话了，将客户电话进行转接时需要注意：要向客户解释转接电话的原因，以及将电话转接至哪里，并且要确保转接的电话有人接听，同时将来电者的姓名和电话内容一起转接过去，如果无法转接，可以将对方电话告知客户或者请客户留下联系方式。

规范的服务用语例句如下：

- 这事有专人负责，我帮您把电话转接给专人坐席，好吗？
- 对不起，请您稍等一下，您咨询的问题属于××部门，我现在帮您转接过去，好吗？

注意：

在通话过程中进行电话转接，由于通话状态的不确定性，有可能通话会中断，无法正常转接，为了避免客户误以为是客服人员挂断电话而产生投诉问题，应提前给客户进行提示。

规范的服务用语为：

- 现在帮您转接，听到音乐后请您不要挂机，如遇电话断线，请您重新拨打。
- 如果客户要求转接××××号客服代表为其解决问题时，可以告知客户："您可以把问题告诉我，我也可以帮您处理。"
- 如果客户坚持要求转接，可以帮忙看下该座席是否正在通话，如果在通话中，规范用语为:"非常抱歉,××号客服人员正在通话中,您可以将您的问题告诉我,我会尽全力帮助您解决的。"

- 如果没有在通话,规范用语为:"现在正在帮您转接,请稍候。"

5. 需要客户记录相关内容时

当需要客户记录一些比较重要的信息时,客服人员可以提前告知客户:"信息比较重要,您方便记录一下吗?"在引导记录的过程中,客服人员应略放慢语速,方便客户记录。随着呼叫中心的技术发展,目前很多呼叫中心的关键信息(例如,套餐内容、网点信息和办理方式等)也可以挂机后通过短信推送的方式直接发送给客户,确保了信息的准确性,同时也减轻了客服人员的通话压力。

规范的服务用语例句如下:

- 麻烦您记录一下,好吗?
- 这个信息比较重要,请您准备好纸和笔,麻烦您记录一下,好吗?

注意:

客户记录好之后最好再和客户核实一遍,以避免客户记录错误导致麻烦。

6. 客户打错电话时

在遇到客户打错电话时,客服人员应该礼貌地说明情况。

规范的服务用语例句如下:

- 对不起,这里是××客户服务中心,请您查证后再拨。(如果有可能,请根据客户的需求,引导客户拨打其他号码。)
- 对不起,我们是××呼叫中心,我想您可能打错电话了,请您查证之后再重新拨打,好吗?

避免使用以下用语:

- 你打错电话了!请看清楚后再拨。

注意:

如果客户意识到自己打错电话时说:"抱歉,打错了。"客服人员应该给予一定的回应:"没关系,再见!"

7. 客户咨询无法回答的问题时

当客服人员无法回答客户咨询的问题时,应该向客户询问联系方式,并尽快解决相关问题之后向客户回电。

规范的服务用语例句如下：

- 对不起，请您留下您的联系电话，我们查询后将尽快与您联系，好吗？
- 对不起，您咨询的问题，我暂时无法确定，需要核实之后再回复您，请您留下您的联系方式好吗？我会尽快查询后给您回电的。

避免随意回答或自以为是地回答，或者敷衍客户。

注意：

遇到权限之外，或者不确定的问题时，要适当地向客户致歉，要勇于承认自己无法立刻回答，并向客户保证自己会尽快找到解决方案并回复客户，不可以不懂装懂。

8. 遇到骚扰电话时

1）遇到客户询问客服人员个人信息，超出话术标准时，客服人员可以说："您好，我的工号是×××号。"如果客户坚持要求，可告诉客户公司规定只能通报工号。

2）客户打进电话，没有业务上的咨询，而是开始就破口大骂。客服人员可以说："您好！请您先不要激动，是否有问题需要我们为您处理，（如果客户不听继续骂）请您使用文明用语，好吗？（如果仍在继续骂）对不起，您现在的情绪太过激动了，没有办法帮您解决问题，我们可以等您情绪平复后再沟通，谢谢您的来电，再见。"

3）客户要求聊天，占用较长通话时间时，客服人员可以说："很抱歉，我们不提供此项服务，请问您还有其他业务上的咨询吗？如果没有，我要接听下一位客户的电话了，谢谢您的来电。"

其他规范的服务用语例句如下：

- 先生/女士，实在很抱歉，如果您确实需要帮助，我很乐意为您服务，但由于这是我公司的客服工作电话，而我公司的电话量也较多，目前系统显示已有很多客户的来电在排队，为了更好地为客户服务，我们今天的通话就先到这里，好吗？非常感谢您的来电，再见。
- 对不起，如果没有其他业务要咨询的话，请您挂机。
- 目前线路比较忙，其他客户还在焦急地等待，请您配合我们的工作，把线路让给其他客户，再见！

避免使用以下用语：

- 我们不能只解答您一个人的问题。

注意：

不可以责怪以及不礼貌地直接挂断电话，但是对于性质非常恶劣且多次劝说无效的骚扰电话，允许客服人员主动挂机。

9. 客户总是不明白或者理解有误时

当客服人员与客户沟通、解释某件事情的时候，常常由于客服人员的表达能力、客户的理解能力和客户的文化程度等因素，客户对客服人员所做出的解释并不是很理解，这时，客服人员要耐心地用另外一种方式重新向客户解释说明。

规范的服务用语例句如下：

- 对不起，是我没有说清楚，我再给您讲一遍好吗？
- 您看我这么说您能理解吗？
- 不知道我现在讲的您听明白了吗？

避免使用以下用语：

- 刚才不是向你说过了吗，你怎么还问我啊？
- 你怎么总是不明白。

10. 需要拒绝客户时

在呼叫中心，客服人员会碰到各种各样的客户，有时客户提出的要求也是各式各样，但客服人员不是万能的，当无法满足客户提出的要求时，客服人员的表达要婉转，对于客户的期望也要表示理解，并且告知客户不能满足客户的原因，以取得客户的谅解和支持，尽可能地为客户提供其他解决方案。

规范的服务用语例句如下：

- 不好意思，我恐怕暂时帮助不了您了，因为……
- 很抱歉，恐怕我不能帮助您！
- 很抱歉，您的要求超出我们的服务范围，恐怕我不能帮助您。
- 对于您的抱怨，我十分理解，但这个问题我实在没有办法立即给您答复，还希望您能理解一下。

避免使用以下用语：

- 这件事情不归我管。
- 你简直就是在无理取闹。

- 我们不可能按照你说的那样去办。

11. 遇到客户提供建议时

客户有时会向客服人员提供一些个人建议,这个时候作为客服人员要代替自己的公司向客户表示感谢或者表扬,不可以没有任何回应。

规范的服务用语例句如下:

- 您的建议很重要,我们会及时地转给相关部门,谢谢您的支持。
- 非常感谢您向我们提出这个建议,谢谢您的支持。
- 谢谢您的宝贵建议,我们会记录下来,以后一定会改进服务。
- 您的建议很重要,我们会及时地转给相关的工作部门并尽快采纳您的建议,谢谢您对我们的支持!我们将尽快与您进行联系。

注意:

如果客户提供的建议未能采纳,可以使用:"十分抱歉,您在建议中提出的内容要求,我们暂时无法采纳,请您谅解,同时,也感谢您对我们公司的信任。希望您以后能够继续关注我们,支持我们。"

四、抱怨和投诉

1. 遇到客户投诉热线难拨通、应答慢时

如果同一时段拨打热线的客户非常多,就容易出现电话排队的情况。客户等待的时间久了,难免会出现不耐烦的情况,对于客户的这种抱怨,客服人员要诚恳地做出合理的解释。

规范的服务用语例句如下:

- 对不起,刚才因为线路忙,让您久等了!请问有什么可以帮助您?
- 对不起,系统响应得有些慢。

避免使用以下用语:

- 喂,我也没办法,刚才线路忙啊!
- 可能是系统的问题吧,我也不知道啊。

2. 遇到客户情绪激烈,破口大骂

如果电话接通之后客户的情绪非常激动,客服人员应该先稳定客户的情绪,再解决

问题，处理时不要和用户抢话、争吵，不要过于强调自己的理由，不顾客户的感受而一味解释，同时客服人员应调整好心境，尽量抚平客户的情绪。

规范的服务用语例句如下：

- 对不起，先生／女士，请问有什么可以帮助您？
- 对不起，我非常理解您的心情，但是为了帮助您解决问题，请您慢慢说，好吗？我会尽全力来帮助您解决这个问题的。
- 我理解您的苦衷。
- ×先生／女士，让我们一起找到解决问题的方法，您先平复一下心情，好吗？

避免使用以下语句：

- 喂，嘴巴干净一点，这又不是我的错呀！
- 请您冷静一下。
- 请您好好说话！
- 您干嘛对我发脾气呢？
- 我不知道您为什么这么不满？

3. 客户投诉客服人员工作出错时

客服人员每天都要处理大量的业务，在操作过程中难免会出现错误，当客户来电反馈时，客服人员首先应表示歉意，真诚地向客户道歉，并且告诉客户解决的方案，勇于承担责任。

规范的服务用语例句如下：

- 对不起，给您添麻烦了，我会将您反映的问题如实上报主管，并尽快核实处理，给您带来的不便，请您原谅！（记录下客户姓名、电话并复述投诉内容。）
- 对不起，您是否可以留下您的联系电话，由我们的主管与您联系处理，好吗？

迅速将此情况转告现场管理人员，管理人员应马上与客户联系并妥善处理。

4. 客户投诉客服人员态度不好时

对于客服人员来说，态度是一切工作的前提，态度不好，一切都无从谈起，所以在实际工作中，只要你在座席的工位上，就应该及时地调整自己的情绪，用最佳的状态来服务客户。假如出现客户投诉客服人员态度不好的情况，也不要慌张，要表现出勇于承担责任的职业道德，有礼貌地向客户道歉，并且及时了解事情的经过，同时向客户提供解决的办法。

规范的服务用语例句如下：

● 对不起，由于我们服务不周，给您添麻烦了，请您原谅，您是否能将详细情况告诉我？

认真记录客户的投诉内容，并请客户留下联系方式，提交组长或主管处理。

● 很抱歉，由于我们服务不周，给您带来不便了。您能说说具体的情况吗？

注意：

如果客户投诉的是你的同事，也应该礼貌地代替你的同事向客户道歉。"非常抱歉，由于我的同事服务态度不好，给您带来不便了，我代他向您道个歉，同时我们也会将您反映的情况提交给相关工作人员，他们会做出处理的，再次向您致歉！

避免使用以下用语：

● 那你找他好了，这是他的问题。

● 刚才的电话不是我接的。

5. 当遇到无法当场答复的投诉时

投诉本身就是比较难解决的问题，所以通常情况下，投诉很难在电话中就给客户一个满意的答复，而客户往往就抱着立刻解决的心态，在这个时候优秀的客服人员就需要稳定好客户的情绪，合理的解释也许会取得客户的谅解。

规范的服务用语例句如下：

● 很抱歉，先生／女士，多谢您反映的意见，我们会尽快向上级部门反映，并在2小时之内（简单投诉）／24小时之内（复杂投诉）给您明确的答复，再见！

● 多谢您提供的意见，我们会尽快向上级部门反映，并在××小时之内给您明确的答复，好吗？

● 很抱歉，这个问题会有专人负责处理，现在我暂时无法立刻答复您，不过请您放心，请留下您的联系方式，我们处理之后会在第一时间联系您，好吗？

避免使用以下用语：

● 我也不知道啥时候才能解决，你就慢慢等着吧。

● 喂，没事了吧，您挂电话吧。

五、软硬件故障

当设备或者系统出现故障不能操作时

呼叫中心中有时也会遇到一些突发的意外情况,例如,停电、突然没有网络而导致无法查询信息和电脑突然死机等,一旦发生这些情况,客服人员不可以不致歉,要沉着冷静地应对客户的问题,并且妥善进行后续的工作。

1)当网络出现问题时,常用的规范用语:"对不起,我们的网络暂时出现了一些延迟,请您稍微等待一下,好吗?我正在帮您查询。"

2)当系统或者设备出现问题时,常用的规范用语:"对不起,我们的系统正在升级,暂时无法帮您处理问题,您方便留下您的联系方式,我稍后致电您,好吗?""对不起,线路正在调整,请您稍后再来电,好吗?"或请客户留下联系方式,等设备正常后及时与客户联系。

3)遇到操作界面反应较慢或进行相关资料查询时,常用的规范用语:"对不起,请您稍等片刻,好吗?"在得到客户的同意后按静音键,取消静音后,客服人员可以说:"对不起,让您久等了。"

六、结束语

1. 解答完客户问题时

客服人员在解答完客户咨询的问题后要确认客户是否还有其他需要,不可以没有确认就匆忙结束服务。

规范的服务用语例句如下:

- ×××先生,请问您还有其他问题要咨询吗?
- 请问您是否还有其他疑问呢?
- 请问我刚才的解释您是否明白/是否清楚?(如果客户不能完全明白,应将客户不明白的地方重新解释,直到客户明白为止。)
- 如果客户向座席表示感谢时,客服人员应该礼貌地回应客户的感谢,常用的规范用语:"不必客气,这是我们应该做的。感谢您对我们工作的支持,随时欢迎您再来电。"

2. 结束语规范

在电话结束时,客服代表要与客户确认所谈的相关事宜,询问客户是否还需要其他帮助，并且对客户的致电表示感谢，欢迎客户继续使用服务，等对方先挂机，随后记录重要的信息。

规范的服务用语例句如下：

- 请问还有其他需要帮助的吗？
- 感谢您的致电，请您稍后对我的服务作出评价，如有问题可以随时来电咨询，祝您生活愉快，谢谢您，再见！

拓展阅读

文明礼仪是社会主义核心价值观的基本内容之一，它体现了人们在社会交往中应具备的良好品德和准则，对于构建和谐社会、推动社会进步具有重要意义。

人和人之间需要沟通，而语言是沟通不可缺少的途径和桥梁。我国是礼仪之邦，自古以来讲究文明礼貌用语，语言是评价一个人的重要因素，摒弃粗野的语言，使用文明礼貌用语才能营造和谐的社会环境。

不仅是在日常生活中，在网络世界中我们也应使用文明的语言发表自己的观点和看法，避免使用粗俗、侮辱性的语言，做到尊德守法、文明互动、理性表达，不逾越红线，做到不信谣、不传谣、不造谣，争当文明网民，弘扬网络正能量，共建文明和谐的网络环境。

学习任务 4

掌握优质服务技巧

 **任务描述**

客服人员说话的方式是影响客户体验的一个重要的因素。不难发现,身边很多不合格的客户服务人员往往是因为说话不得体,表达不合适而失去客户的信任,甚至引起投诉。

一个称职的客服人员应熟练掌握客户服务技巧,将自己的表达方式从"生活随意型"转换为"专业型"。在为客户服务的过程中,面对客户提出的疑问或质疑时,运用这些技巧可以起到安抚客户情绪,管理客户期望值的作用,结合自身的业务执行能力为客户提供超越客户原始期望的满意服务。

常用的客户服务技巧包括感谢客户、委婉拒绝、积极用词、善用我代替你、积极赞美等。

- 能够掌握运用积极用词的技巧;
- 能够掌握运用赞美的技巧;
- 能够掌握和运用感谢客户的方法;
- 能够掌握及灵活运用委婉拒绝的技巧。

工作准备

- 理解任务要求,对呼叫中心日常工作有一定的了解;
- 掌握客户服务的基础礼仪和常用话术;
- 熟悉呼叫中心呼入呼出业务流程。

客户服务沟通能力训练

 获取信息

请结合生活中的实际情况，拨打任意呼叫中心热线电话进行业务咨询、业务办理或投诉等，并将通话过程整理为文字记录，填在下方。

引导问题 1： 请结合收集的案例，逐句分析客服人员都使用了哪些客户服务技巧？

引导问题 2： 请总结以下情况应如何表达对客户的感谢。
1. 再次为给客户带来的不便表示歉意。

2. 感谢客户对于企业的信任和惠顾。

3．向客户表决心，让客户知道我们会努力改进工作。

引导问题3：请列举当客户的要求超出客服人员的岗位职责以及工作权限时，客服人员该如何委婉拒绝。

讨论交流：在生活中，你懂得怎样委婉拒绝别人吗？

引导问题4：请运用积极用词的技巧，将以下生活用语转化为客户服务的专业表达。
习惯用语一：那个产品都卖完了。

习惯用语二：没有他的允许，我不能给你他的手机号码。

习惯用语三：我不知道是什么情况。

习惯用语四：你的担心都是多余的。

引导问题5：请善用"我"代替"你"的技巧，将以下生活用语转化为客户服务的专业表达。
习惯用语一：你的名字叫什么？

习惯用语二：你必须……

习惯用语三：如果你需要我的帮助，你必须……

习惯用语四：你这样不对……

习惯用语五：你别急啊，你得把名字和地址先告诉我啊。

习惯用语六：你搞错了，你是不是没听明白？

小游戏：勿说你我他

每组 6～12 人，按顺序排列，每个人依次回答问题并给下一个人提一个问题，提问和回答中都不能出现"你、我、他"，出现者则淘汰，直至决出最后的获胜者。

游戏说明：您、乃、吾、某、其、汝等允许使用。

引导问题 6：请总结在客户服务过程中如向让对方听到你的"微笑"。

引导问题 7：请举例说明遇到以下客户该如何进行赞美？

1．遇到说话强势、发号施令的客户。

2．遇到吹毛求疵、谨慎拘谨的客户。

3．遇到性格平和、通情达理的客户。

4．遇到热情、重视形象的客户。

制订计划

组织团队并进行小组分工，填写表 4-1。

学习任务 4　掌握优质服务技巧

表 4-1　小组工作计划表

班级		组别		指导老师	
组长		学号			
组员及分工	姓名	学号	分工		

任务安排

1）执行方法：请打开配套资源中的录音文件，分析客服人员的优劣势，并重新组织话术，进行演练。

2）时间：45分钟，其中实训时间40分钟，交流总结时间5分钟。

3）分组方法：分小组进行实训，组内自行分工。

4）角色分配：每组1人扮演客户，1人扮演客服代表；一轮实训结束后进行角色互换。

任务实施

1. 在小组内分组进行讨论，总结案例中客服人员的优劣势，填入表4-2。

表 4-2　组员成果分析表

发言组员	案例表现良好的内容	案例存在缺陷的内容

2. 请根据案例内容，重新组织话术，并进行组内研讨，将结果填入表4-3。

表4-3 组员成果分析表

发言组员	需要改进的技巧	没有运用的技巧	需要加强练习的知识点

3. 在小组内进行角色扮演，并进行组内评价，将评分填入表 4-4。

表 4-4　组员话术评价表

组别 项目	评分项	分值	组员1	组员2	组员3	组员4	组员5
感谢客户	当客户配合你的工作的时候	5					
	当客户夸奖你或你的公司的时候	5					
	当客户等待的时候	5					
	当客户提出意见或建议的时候	5					
	当客户尝试你公司新推出的产品或服务的时候	5					
	当客户给你介绍了一个新客户的时候	5					
	当电话结束的时候	5					
委婉拒绝客户	没有出现"我不能"	5					
	没有出现"我不会做"	5					
	没有出现"这不是我应该做的"	5					
	没有出现"我想我做不了"	5					
	没有出现"但是"	5					
使用积极语言	出现"试试看/尝试一下"	5					
	出现"如果/假如"	5					
	出现"我希望/我想"	5					
	出现"因为……"	5					
使用"我"代替"你"	没有出现"你"字	5					
	没有出现"喂"字	5					
赞美客户	出现"真诚及时的赞美"	5					
	出现"具体真切的赞美"	5					
合计		100					

评价反馈

每个学生的成绩评定将按学生自评、小组互评和教师评价三阶段进行，并按学生自评占 20%、小组互评占 30% 和教师评价占 50% 作为每个学生的综合评定结果。

1. 学生进行自我评价，并将结果填入学生自评表见表 4-5。

表 4-5　学生自评表

班级：_____　　　姓名：_____　　　学号：_____

评价项目	评价标准	分值	得分
任务是否按计划时间完成	能够在课程中按时完成任务要求，超时不计分	10	
相关理论完成情况	能够掌握相关理论知识	20	
技能训练情况	能够与组员配合完成技能练习	20	
任务完成情况	能够完成组长分配的工作	20	
任务创新情况	能够在过程中不断完善和创新	10	
材料上交情况	能够准时提交相关任务材料	10	
收获		10	
合计		100	

2. 学生以小组为单位，对组员编写话术的过程及结果进行互评，将互评结果填入表 4-6。

表 4-6　小组互评表

学生姓名		组别		点评学生	
项目	评分项	分值	得分	评价	
感谢客户	当客户配合你的工作的时候	5			
	当客户夸奖你或你的公司的时候	5			

（续）

项目	评分项	分值	得分	评价
感谢客户	当客户等待的时候	5		
	当客户提出意见或建议的时候	5		
	当客户尝试你公司新推出的产品或服务的时候	5		
	当客户给你介绍了一个新客户的时候	5		
	当电话结束的时候	5		
委婉拒绝客户	没有出现"我不能"	5		
	没有出现"我不会做"	5		
	没有出现"这不是我应该做的"	5		
	没有出现"我想我做不了"	5		
	没有出现"但是"	5		
使用积极语言	出现"试试看/尝试一下"	5		
	出现"如果/假如"	5		
	出现"我希望/我想"	5		
	出现"因为……"	5		
使用"我"代替"你"	没有出现"你"字	5		
	没有出现"喂"字	5		
赞美客户	出现"真诚及时的赞美"	5		
	出现"具体真切的赞美"	5		
	合计	100		

3．教师对学生工作过程与工作结果进行评价，并将结果填入表4-7。

表 4-7 教师评价表

学生姓名		组别		
项目	评分项	分值	得分	评价
感谢客户	当客户配合你的工作的时候	5		
	当客户夸奖你或你的公司的时候	5		
	当客户等待的时候	5		
	当客户提出意见或建议的时候	5		
	当客户尝试你公司新推出的产品或服务的时候	5		
	当客户给你介绍了一个新客户的时候	5		
	当电话结束的时候	5		
委婉拒绝客户	没有出现"我不能"	5		
	没有出现"我不会做"	5		
	没有出现"这不是我应该做的"	5		
	没有出现"我想我做不了"	5		
	没有出现"但是"	5		
使用积极语言	出现"试试看/尝试一下"	5		
	出现"如果/假如"	5		
	出现"我希望/我想"	5		
	出现"因为……"	5		
使用"我"代替"你"	没有出现"你"字	5		
	没有出现"喂"字	5		
赞美客户	出现"真诚及时的赞美"	5		
	出现"具体真切的赞美"	5		
合计		100		

学习任务 4　掌握优质服务技巧

拓展思考

1) 如何将表达方式从"生活随意型"转变成"专业型"？
2) 如何婉转地让客户理解"客服不是万能"的这句话？

一、积极感谢

客服人员是直接与企业客户接触的第一人，客服人员的一言一行都代表着企业形象。在维护客户关系的重要手段中，适时地感谢客户是维护客户关系的关键环节。适时感谢客户不仅能够使客服人员与客户的沟通氛围融洽，还能让客户对企业产生好感，拉近企业与客户的距离。

因此，在客户服务过程中应适时地对客户进行感谢，这是一名优秀的客服人员应掌握的沟通技巧之一。

通常在沟通的过程中需要感谢客户的情况有：

（1）当客户配合你的工作时

在客服人员为客户服务的过程中，有时由于业务的需要，往往需要客户配合提供一些信息才能进行下一步的服务。因此，客户的配合程度决定了客服人员的工作效率。通常在客户配合客服人员完成工作的时候，客服人员应适时地感谢客户。在这种情况下，客服人员使用的标准话术是："×先生/女士，感谢您的配合！"

（2）当客户夸奖你或你所在的公司时

当客服人员为客户提供优质的服务或者帮助客户解决了一些比较棘手的问题之后，客户往往会对客服人员进行口头表扬，在这种情况下，客服人员使用的标准话术是："不客气，×先生/女士，这是我们应该做的，感谢您对我们的认可和支持！"

（3）当客户等待时

在为客户进行服务的时候，避免不了由于为客户查询或者办理某项业务而需要客户在线等待的情况，在这种情况下，客服人员使用的标准话术是："×先生/女士，感谢您的耐心等候！"

（4）当客户提出意见或建议时

有很多热心的客户会致电呼叫中心，提出一些关于产品或者服务的意见或建议，这时可以说："感谢您提出的意见（宝贵建议），我会汇报到相关负责部门，并尽快改进我们的服务，谢谢您，×先生/女士！"

（5）当客户抱怨的时候

我们不仅要感谢那些给我们提出宝贵建议和意见的客户，也要感谢那些对我们进行抱怨的客户，因为他们的抱怨给了我们改进的机会。在这种情况下，客服人员使用的标准话术是："感谢您为我们提供改进的机会，我们一定会做得更好，感谢您对我们的大力支持！"

（6）当客户尝试你公司新推出的产品或服务的时候

当客户尝试新推出的产品或服务，代表他对公司的信任，我们要对这种信任表示感谢。在这种情况下，客服人员使用的标准话术是："感谢您对我们的信任，如有不足之处，还希望您及时向我们反馈！"

（7）当客户为你介绍了一个新客户的时候

当老客户向公司推荐了一个新客户的时候，说明老客户对于公司的信任，这是对公司的肯定。在这种情况下，客服人员使用的标准话术是："感谢您对我们的信任和肯定，我们会竭诚为您服务！"

（8）当电话结束的时候

无论是呼入还是呼出电话，在电话结束的时候，客服人员一定要向客户表示感谢。在呼入情况下，坐席代表使用的标准话术是："感谢您使用我们的服务，祝您心情愉快，×先生/女士，再见！"在呼出情况下，客服人员使用的标准话术是："感谢您的配合，祝您心情愉快，×先生/女士，再见！"

二、委婉拒绝

为客户提供满意和超值的服务，是每个客服人员的职责，但在现实情况中，客服人员并不是万能的。当公司制度与客户要求矛盾时，当客户的期望值超出客服人员的职责能力时，或者客户提出"无理的要求"时，客服人员应该委婉地拒绝客户，但是在拒绝客户的同时应该让客户愿意接受这一现实，使客户能够继续与公司保持合作的关系。

作为一名优秀的客服人员，面对客户的各种问题，首先应该明确自己的岗位职责和工作权限，也就是说，可以满足客户的哪些需求，不可以满足哪些需求。客服人员作为客户和企业之间的桥梁，应尽量做到遵守企业的制度，又尽可能地满足客户的需求。

委婉拒绝的技巧有以下几点：

（1）不说"我们不能"

在客户服务的语言中，没有"我们不能"。当你说"我不能"的时候，客户的注意力就不会集中在你所能给予的事情上，他会集中在"为什么不能""凭什么不能"上。正确的表达方式是"我们能够帮到您的是……"，这样就避开了跟客户说不行、不可以。实际上你表达的意思是一样的。例如，客户提出这样的要求"这件衣服的尺码不合适，我要退货！"，你可以回答"很抱歉给您带来不好的购买体验，如果是因为尺码不合适，我这边帮您处理退货，您看可以吗？"这么说客户心里就会舒服很多，而不是说直接拒绝客户或直接为客户办理退货。

（2）不说"我不会做"

在客户服务语言中，没有"我不会做"。当客服代表说"我不会做"时，会产生负面感觉，客户觉得你应该会做，但是你却说不会做，他会认为你在回避，没有全心地为他服务，同时他也会转移注意力。我们应该将客户的注意力集中在客服人员所讲的内容上。正确的回答是"我们能为您做的是……""我可以帮您做……"。

（3）不说"这不是我应该做的"

在客户服务语言中，没有"这不是我应该做的"或"这不是我的工作"，这是客户服务用语中非常忌讳的表达，因为客服人员说这句话时，会让客户觉得自己不该提出这种要求，从而不愿听你的解释。对客户服务人员来说，随时随地都需要表现出"我很愿意为您提供帮助"的服务意愿，但有时候真的超出自己的能力范围，就应该在告诉他为什么做不了之前，表明这样的态度"我非常希望能够帮助您，不过我们公司有专人负责这件事，我可以给他打一个电话，或者我可以帮您把电话转接过去，让他帮您解决，您看好吗？"

（4）不说"但是"

在客户服务的语言中，没有"但是"。你受过这样的赞美吗？"你穿的这件衣服真好看！但是……"不论你前面讲得多么好，如果后面出现了"但是"，就等于将前面对客户所说的话进行了否定。在沟通里有一个重要法则"是，是，但是"等于"不"。所以在与客户沟通时，忌讳说"但是"。

（5）善用"因为"

在客户服务语言中，有一个"因为"，这是非常重要的一点。让客户接受你的建议时，应该告诉他理由，当不能满足客户的要求时，要告诉他原因。例如，当客户要求全额退款时，不能只说不可以，而要告诉他原因。

三、积极用词

客服人员在保持一个积极的态度时，沟通用语也应当尽量选择体现正面意思的词，避免使用那些消极的、软弱无力的字眼。例如，要感谢客户在电话中的等候，常用的说法是"很抱歉让您久等"。"抱歉久等"实际上在潜意识中强化了对方"久等"的感觉。比较正面的表达可以是"非常感谢您的耐心等待"。

在客户服务过程中我们经常需要表达的积极的语言如下。

（1）将"试试看/尝试一下"转换成"全力以赴/尽力而为"

当客服人员为客户处理各种业务的时候，有时由于客户的问题比较复杂，客服人员无法确定事情是否能够处理顺利，往往表达起来没有信心，经常会说"我试试看/我尝试一下吧"，这样的语言会让客户有被搪塞的感觉。我们可以用"我一定尽力而为/我一定全力以赴为您处理这件事"这样积极向上的语言来表达。

（2）将"如果/假如"转换成"当……的时候"

语言表达中出现"如果/假如"代表种种的不确定，而客户最不爱听的就是不确定的语句，这个时候我们应该避开这样负面的语言，应使用"当……的时候"，会更明确、更加积极。

（3）将"我希望/我想"转换成"我知道/我相信"

例如，"我希望您家的电视这次修理之后能够正常使用"和"我相信您家的电话这次修理之后能够正常使用"，这两句话给客户的体验就完全不同，前者充满不确定，而后者表达更加有信心。

（4）将"问题/困难/麻烦"转换成"挑战"

例如，"这个问题处理起来确实很麻烦，有些困难"和"这个问题还是很有挑战性的，不过……"，这两句话也给客户两种截然不同的体验。

（5）将"因为……"转换成"这是我的责任"

通常人们面对犯下的错误都会习惯性地为自己找理由，常用的表达语言就是"因为……",在客服人员的语言中应该是"这是我的责任",因为客服人员要主动承担起责任来,这样在获得客户信任的同时也能够维护企业自身的形象。

四、善用"我"代替"你"

每个呼叫中心都有一个专门的质检部门,会对客服人员的通话录音按照制定好的标准进行质检,以提高客服质量。每个呼叫中心的质检标准不同,侧重点也不同,但是对于服务语言的表达,所有质检部门都有共同的要求,就是在与客户沟通的时候不能有"你"和"喂"字出现,这两个字是客服人员语言使用的大忌。

"你"字的使用会使人感觉仿佛有根手指指向自己,给人一种教育、指挥和命令的感觉,而"我"则给人一种谦虚、尊重的感觉。所以,在客户服务用语中代替"你"的最好方法就是用"我"字,或者把"你"换成"您"。

看一下例子,体会一下用"我"代替"你"后的不同。

习惯用语:你的名字叫什么?

专业表达:请问,我可以知道您的名字吗?

习惯用语:你必须……

专业表达:我们要为您那样做,这是我们需要的。

习惯用语:你错了,不是那样的!

专业表达:对不起,我没说清楚,但我想它运转的方式有些不同。

习惯用语:如果你需要我的帮助,你必须……

专业表达:我愿意帮助您,首先我需要……

习惯用语:你做得不正确……

专业表达:我得到了不同的结果。让我们一起去看看到底怎么回事。

习惯用语:听着,那没有坏,所有系统都是那样工作的。

专业表达:那表明系统是正常工作的。让我们一起去看看到底哪儿存在问题。

习惯用语:注意,你必须今天做好!

专业表达:如果您今天能完成,我会非常感激。

习惯用语:当然你会收到,但你必须把名字和地址给我。

专业表达:当然,我会立即给您发送一个,我能知道您的名字和地址吗?

习惯用语:你没有弄明白,这次听好了。

专业表达：也许我说得不够清楚，请允许我再解释一遍。

五、积极赞美

不经意地、真诚地赞美客户，往往可以达到非常好的效果。微笑着夸客户，让客户觉得舒心。适时地赞美客户，既融洽了与客户的关系，又不动声色地转移了客户的注意力，消除了客户不满的情绪。

"听您的声音，我就觉得您是做领导的人。"

"从您的讲话中，我觉得您在公司内肯定很有威信……"

"您是不是专门从事×××职业的呀？您太专业了！"

"专家就是专家，您提的问题就是与一般人不一样，您提到点子上了！"

六、针对不同性格类型客户的赞美技巧

根据不同的性格类型，客户可以分为4类，如图4-1所示。

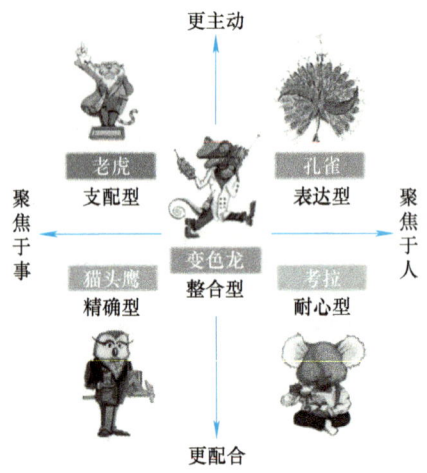

图 4-1　客户分类

1. 针对孔雀型客户

"孔雀"热情洋溢，好交朋友，口才流畅，重视形象，善于人际关系的建立，表现欲很强，给他足够的表现机会能够保持"孔雀"的热情。

这类客户更喜欢和适合被赞美，赞美的策略是"推"他一把，如同抬轿，抬得越高，客户越喜欢。赞美的切入点是围绕对方外在比较显著的特点和优点，例如，对外形、穿着进行赞美。

2. 针对猫头鹰型客户

"猫头鹰"传统而保守,分析力强,精确度高,喜欢把细节条例化,个性拘谨含蓄,谨守分寸忠于职守,但会让人觉得"吹毛求疵"。

此类客户更偏向于被鼓励,他们偏重理性,往往对自己的某些优势和优点看得不够通透,我们的赞美策略是"拉"他一把,释放他的优点。切入点是对方不够显著但独特的优点。

3. 针对老虎型客户

"老虎"一般企图心强烈,喜欢冒险,个性积极,竞争力强,凡事喜欢掌控全局发号施令,不喜欢维持现状,但行动力强,目标一经确立便会全力以赴。但他们容易忽视细节,可能不顾自己和别人的情感。

这类客户既不喜欢纯粹的表扬,对单一的鼓励也不感冒,他们自信强大,不需要表扬和赞美都信心满满。诚恳虚心的态度是打动他们的关键,另外,认真地肯定他在某一方面的绝对权威,会起到出乎意料的效果。

4. 针对考拉型客户

"考拉"行事稳健,不夸张,强调平实,性情平和,不喜欢制造麻烦,不兴风作浪,在别人眼中常让人误以为是懒散不积极,但只要决心投入,绝对是"路遥知马力"的最佳典型。他们对其他人的感情很敏感,敦厚随和。

这类客户可"推"可"拉",他们不挑剔,我们可用的赞美方式也多,具体情况具体分析。在销售前,恰到好处的赞美能迅速拉近与客户的距离,引起客户对产品的兴趣。

拓展阅读

1977年,金庸与日本文化名人池田大作进行了一场颇有意思的对谈。在对谈一开始,金庸便以谦虚的态度对池田说道:"虽然与会长曾经谈过的知名人士相比,我还差得很远,不是同一水平,但很高兴能够让我有机会,尽己所能地与会长进行这样一次谈话。"池田听后忙说:"您真的太谦虚了,您的谦虚使我深感先生的'大人之风'。这么多年来,此种'大人之风'在先生的身上一直都得以体现,您所走过的每一段路均值得我们铭记。"

池田邀请金庸用茶，又接着说道："正如大家所说的那样，'凡有中国人之处，必见金庸之作'，先生能够享誉如此盛名，说明您是当之无愧的文学巨匠啊！先生应该也有所耳闻，香港舆论界把您奉为旗手，还有'笔的战士'，这可是读者对您的肯定啊！《左传》有曰：太上有立德，其次有立功，其次有立言，虽久不废，此之谓不朽。在我看来，只有您所构建的诸多精神之价值，才真正属于'不朽'。"

在这里，池田主要采用"间接赞美"的方式，来赞美金庸对文学所做的贡献，既表达了自身对其的赞美，又借用"大家"之口，给人以客观公正之感，使对方得到了很大的满足，为谈话的顺利进展开了一个好头。

由此可见，为了增加赞美的分量，或者当不便于直接赞美对方的时候，巧借他人之词，也不失为一条妙计。这里的他人可以是确定的某个人，也可以是"大家"这类模糊的群体，可视表达的需要而定。

间接赞美是赞美方式中的一种，比直接赞美更显客观、公正，在表达赞美之情的时候，可以为我所用。但是在引用完别人的评价之后，最好能用自己的话再重申一遍，这样才能使自己的赞美充分而真诚。

学习任务 5

有效客户沟通技巧

任务描述

随着项目实习的深入,你已经掌握了基本的客户服务沟通技巧,能够独立地处理简单的客户诉求,但也有些"麻烦"的客户让你感到困惑。

你发现有时候你与客户之间仿佛隔着的不是电话线,而是一道"天堑"。不仅通话时长无法达标,还险些被客户投诉。不仅是你,同期的新员工也都在因为这事唉声叹气。

项目经理发现了你们的苦恼,安排了岗中培训课"有效沟通技巧"。与客户有效沟通是呼叫中心客服人员必备的技能。与客户有效沟通是指在客户间传递信息和情感,以满足客户需求,处理客户诉求,办理客户业务。其中还需要有明确的目标和同理心,运用有效倾听、提问、总结与反复等技巧才能达成。

- 了解客户沟通技巧在日常工作中的作用;
- 能够在通话过程中良好地使用倾听技巧;
- 能够在通话过程中合理运用提问方式收集信息;
- 能够在通话过程中积极向客户进行反馈;
- 能够在通话过程中运用同理心安抚客户。

工作准备

- 理解任务要求,对呼叫中心日常工作有一定的了解;
- 掌握客户服务基本技巧;
- 熟悉呼叫中心呼入业务流程。

 获取信息

小组辩论赛:

正方辩题:工作中沟通比能力更重要

反方辩题:工作中能力比沟通更重要

活动规则:

1. 以小组为单位完成任务,每个小组由4个人组成。

2. 主持人介绍参赛小组及所持立场。

3. 辩论过程。

a) 自述阶段

正方一辩陈述自己立场的观点(3分钟)

反方一辩陈述自己立场的观点(3分钟)

b) 自由辩论环节

正、反双方各有5分钟的自由辩论时间

c) 总结陈词阶段

正方三辩做总结陈词(3分钟)

反方三辩做总结陈词(3分钟)

4. 评委点评阶段。

由老师和学生代表组成5人评委组,分别进行点评。

5. 活动时间。

辩题准备:45分钟,辩论时间:25分钟,评审点评:20分钟

本方辩题:_____

本方论点:_____

_____

_____

评审点评:_____

学习任务5　有效客户沟通技巧

引导问题1： 沟通能力对于客户服务工作的重要性。

_____
_____
_____
_____
_____

引导问题2： 请分析这段回信中，沟通的三要素。

_____
_____
_____
_____
_____

关于收看2024年《开学第一课》的通知

亲爱的同学们：

　　秋风送爽，金桂飘香，我们迎来了新的学期，也迎来了充满希望与挑战的学习旅程。为了让同学们以更加饱满的热情和坚定的信念踏上新学期的征途，特此通知大家准时收看《开学第一课》！

　　播出时间：9月1日 20:00

　　播放地址：CCTV-1 "学习强国"学习平台、国家中小学智慧教育平台、央视频

　　《开学第一课》不仅是一场视觉与知识的盛宴，更是一次心灵的洗礼和成长的启航。让我们携手同行，在家长的陪伴下，引导孩子们树立正确的价值观，培养良好的学习习惯，共同迎接新学期的到来。

××××职业学校

2024年8月30日

沟通的目标：_____

沟通的对象：_____

传递信息、思想、情感：_____

达成协议：_____

引导问题3： 请分析以下对话中客户的需求，并补全话术。

客服：您好，卓越票务，请问有什么可以帮您？

客户：是能订票么？

客服：可以的，先生，请问您需要订什么票呢？

客户：我寻思这不还没出正月么，孩子和家里的都还没上学上班，想一家出去看点啥，这多好啊。可是现在这交响乐啊，音乐会啊，都太贵了，孩子还不喜欢这个，整不好听听就睡着了，现在的孩子哪喜欢这个啊，你说是不。我就寻思我们一家子都去，可是看电影吧还挺贵，一个人就不老少钱，不能把孩子带出坏毛病，以后该花钱大手大脚的了，现在这孩子教育不好啊，以后就完了，你说是不。

客服：先生，我理解您的意思……

客户需求：_____

_____

_____

客服代表话术：_____

_____

_____

_____

引导问题4：请总结倾听的四个步骤及服务中倾听的注意事项。

_____

_____

_____

_____

引导问题5：请分析"开放式提问"和"封闭式提问"的不同，并举例说明在客户服务过程中应如何应用这两种提问方式。

_____

_____

_____

_____

课堂游戏：Yes or No（是或不是）游戏（猜人物）

游戏准备：提前准备 3～5 个名人的姓名卡（例如，革命先烈、知名学者和劳动模范等，并附带他们的个人事迹小传）。

游戏规则：每队轮流派出 2 人，1 人抽取 1 张人名卡，1 人进行提问和猜测。

提问者只能使用封闭式提问方式，回答者只能回答"是"或"不是"。用时最短、最先猜出正确答案的一组获胜。

每猜中一个人名，老师可以邀请学生来讲解下人物的生平和事迹，加强同学们对这种革命先辈、时代楷模的记忆，激励同学们向榜样学习，在自己的学习和工作领域不断精进，打磨和提升客户服务技能。

引导问题 6：请运用 FAB 法则分析中国高铁（图 5-1），并将分析结果填写到表 5-1 中。

图 5-1　中国高铁

表 5-1　中国高铁 FAB 分析

序号	F（特性）	A（作用）	B（好处）
1			
2			
3			
4			
5			

> **小知识**
>
> **中国高铁的优势**
>
> 1. 速度快：中国高铁的最高运营速度已经达到了350千米/时，能够大幅缩短旅客的出行时间。
>
> 2. 安全可靠：中国高铁采用世界领先的技术和设备，运行管理规范，安全性高、故障率低，旅客出行更加安全可靠。
>
> 3. 环保节能：中国高铁采用电力驱动，相比其他交通工具更加环保节能，减少了大量的二氧化碳排放，对环境和气候变化的影响更小。
>
> 4. 服务贴心：中国高铁的服务质量和服务水平都非常高，车厢内设施齐全，服务人员态度亲切，能够提供更加贴心的旅行体验。
>
> ……………

引导问题7：请结合案例，将需要同客户核对的信息，运用客户服务用语总结成话术写在下方。

客服：您好，×××票务，请问有什么可以帮您？

客户：是能订票么？

客服：可以的，先生，请问您需要订什么票呢？

客户：我寻思这不还没出正月么，孩子和家里的都还没上学上班，想一家出去看点啥，这多好啊。可是现在这交响乐啊，音乐会啊，都太贵了，孩子还不喜欢这个，整不好听听就睡着了，现在的孩子哪喜欢这个啊，你说是不，我就寻思我们一家子都去，可是看电影吧还挺贵，一个人就不老少钱，不能把孩子带出坏毛病，以后该花钱大手大脚的了，现在这孩子教育不好啊，以后就完了，你说是不。

客服：是的，先生，我理解您的意思，您是希望能有一场物美价廉的演出并且能够使孩子得到一些教育意义，是吧？请问您孩子多大了？您对票价有什么要求吗？

客户：对对对……我就是这个意思，孩子还在上小学，票价差不多就行。

客服：好的，那我向您介绍一个儿童剧，叫《堂吉诃德妄想记》，地点在乐童剧社，乐童剧社是专为儿童表演戏剧的剧社，戏剧创意完全来自孩子，孩子们用自己的想象力完成更多的艺术作品，10个编剧均为小学生。票价也不贵，学生票20元，成人票30元，一家三口才80元，您看可以吗？

客户：这个挺好。那我要三张，给我选三个好位置吧。怎么给您钱啊？

客服：北京地区可以送票上门，票到付款，四环以内地区 200 元起免费送票，不足 200 元收取 10 元快递费；四环以外酌情收费，外省市客户可根据不同情况，采取 EMS、留票自取、送交第三方等方式取到票品。

客户：那行，就是加 10 元呗，我住 4 环内。

客服：好的，请您提供一下具体的地址、邮编、您的姓名及联系电话。

客户：朝阳区东土城路 15 号，月华小区×号楼 5 单元 1202，邮编 100202，我叫张××，电话就是这个 134×××××××××。

_____

_____

_____

_____

_____

制订计划

组织团队并进行小组分工，填写表 5-2。

表 5-2　小组工作计划表

班级		组别		指导老师	
组长		学号			
组员及分工	姓名	学号		分工	

任务安排

1）时间：35分钟，其中实训时间30分钟，交流总结时间5分钟。

2）分组方法：分小组进行实训，每组2人。

3）角色分配：每组1人扮演客户，1人扮演客服代表；一轮实训结束后进行角色互换。

4）执行方法：请熟读背景资料及客户信息（见表5-3），收集航空预订和订单修改流程，运用有效沟通技巧完善服务话术，并进行对话练习。

表5-3 客户信息表

行业	机票服务	业务类型	修改乘机人信息	受理部门	客服部
业务处理人	11900	受理时间	5-20	客户姓名	张雨雷
客户编号	NA	英文姓名	NA	性别	男
出生日期	1989年5月1日	国籍	中国	省份	北京
所属地区	北京	会员卡号	NA	订单（发票）号码	ZSD123456
证件类别	身份证	证件号码	110111××××××××	手机号码	177×××1234
固定电话	NA	电子邮件	NA	传真号码	NA
联系地址	北京市海淀区×××1609号	邮政编码	NA		
备注/摘要					

客户失误，购买机票时乘机人填写错误，机票上乘机人姓名为：张雨雷，实际乘机人姓名为：张云雷。客户值机时发现错误，现在客户非常着急来电要求修改姓名

> **提示**
>
> 如何修改乘机人姓名
>
> （1）查看航空公司修改政策：不同的航空公司有不同的修改政策，一些航空公司允许修改乘机人姓名或者拼写，一些则不允许。您需要先查看购买时的相关条款，并联系航空公司客服咨询修改政策。

（2）提供相关证明材料：如果航空公司允许修改乘机人姓名或者拼写，您需要提供相关证明材料，例如，护照、身份证等可证明乘机人身份的有效证件，以及您的购票记录和确认信息。

（3）通过航空公司官方渠道修改：如果航空公司允许修改乘机人姓名或者拼写，您需要通过航空公司官方渠道（例如，官方网站、客服电话）进行修改。

任务实施

1. 分组讨论话术并记录，每一轮结束后，同学们记录和反馈训练过程中的优缺点，总结和改善后再进行第二轮训练，最少进行 3 轮，并填写表 5-4。

表 5-4　组员成果分析表

轮次	需要改进的技巧	没有运用的技巧	需要加强练习的知识点
1			
2			
3			

2. 在小组内进行角色扮演，表演对话并录音，通过组内评价推选出本组代表，填写

表 5-5。

表 5-5 组员话术评价表

组别 项目	评分项	分值	组员 1	组员 2	组员 3	组员 4	组员 5
明确沟通目的	呼入（明确客户意图）或呼出（说明来电意图）	5					
倾听技巧	表现出愿意提供帮助的意愿	5					
	没有故意打断客户	5					
	适时回应	5					
提问技巧运用	运用封闭式问题	5					
	运用开放式问题	5					
	有针对性的问题	5					
	使用特定的问题	5					
	使用可选择性问题	5					
	使用引导性问题	5					
	使用答案为 YES 的问题	5					
	使用答案为二选一的问题	5					
	处理异议	5					
	提供解决方案（多个）	5					
总结与重复（理清）	表达是否清晰	5					
	没有遗漏事宜	5					
达成协议		10					
业务知识掌握熟练		10					
合计		100					

 评价反馈

每个学生的成绩评定将按学生自评、小组互评和教师评价三阶段进行，并按自评占 20%、小组互评占 30% 和教师评价占 50% 作为每个学生的综合评定结果。

1. 学生进行自我评价，并将结果填入表 5-6。

表 5-6　学生自评表

班级：_____　　　　姓名：_____　　　　学号：_____

评价项目	评价标准	分值	得分
任务是否按计划时间完成	能够在课程中按时完成任务要求，超时不计分	10	
相关理论完成情况	能够掌握相关理论知识	20	
技能训练情况	能够与组员配合完成技能练习	20	
任务完成情况	能够完成组长分配的工作	20	
任务创新情况	能够在过程中不断完善和创新	10	
材料上交情况	能够准时提交相关任务材料	10	
收获		10	
合计		100	

2. 学生以小组为单位，对组员编写话术的过程及结果进行互评，将互评结果填入表 5-7。

表 5-7　小组互评表

学生姓名		组别		点评学生	
项目	评分项	分值	得分	评价	
明确沟通目的	呼入（明确客户意图）或呼出（说明来电意图）	5			
倾听技巧	表现出愿意提供帮助的意愿	5			
	没有故意打断客户	5			
	适时回应	5			

（续）

项目	评分项	分值	得分	评价
提问技巧运用	运用封闭式问题	5		
	运用开放式问题	5		
	有针对性的问题	5		
	使用特定的问题	5		
	使用可选择性问题	5		
	使用引导性问题	5		
	使用答案为 YES 的问题	5		
	使用答案为二选一的问题	5		
	处理异议	5		
	提供解决方案（多个）	5		
总结与重复（理清）	表达是否清晰	5		
	没有遗漏事宜	5		
达成协议		10		
业务知识掌握熟练		10		
合计		100		

3．教师对学生工作过程与工作结果进行评价，并将结果填入表 5-8。

表 5-8　教师评价表

学生姓名		组别		
项目	评分项	分值	得分	评价
明确沟通目的	呼入（明确客户意图）或呼出（说明来电意图）	5		
倾听技巧	表现出愿意提供帮助的意愿	5		
	没有故意打断客户	5		
	适时回应	5		

（续）

项目	评分项	分值	得分	评价
提问技巧运用	运用封闭式问题	5		
	运用开放式问题	5		
	有针对性的问题	5		
	使用特定的问题	5		
	使用可选择性问题	5		
	使用引导性问题	5		
	使用答案为 YES 的问题	5		
	使用答案为二选一的问题	5		
	处理异议	5		
	提供解决方案（多个）	5		
总结与重复（理清）	表达是否清晰	5		
	没有遗漏事宜	5		
达成协议		10		
业务知识掌握熟练		10		
合计		100		

拓展思考

1）在客户服务沟通过程中，话术是"固定"的，客户是不断变化的，作为客户服务代表要不断精进业务，且行且思。请举例说明你会通过哪些渠道和方式继续学习沟通的技巧。

2）请举例在日常生活中一次成功的有效沟通。

客户服务沟通能力训练

一、了解有效沟通

有效沟通在呼叫中心企业中极为重要，它能够拉近企业、客服代表与客户之间的关系，能够增加客户的满意度，维护企业形象。作为客服代表，更要学会与客户进行有效沟通，明白客户的真正需求，提高客户满意度。所以，在呼叫中心企业中，客服代表应该具备的最基本的也是最核心的能力就是沟通能力。

为了一个明确的目标，把信息、思想和感情在客户间传递，并且达到合意的过程，即为有效沟通。

客服代表每天的工作基本是靠沟通完成的，可以说沟通是呼叫中心的主要使命。客服代表每天需要运用电话、聊天软件、邮件和短信等工具与每位客户进行大量的沟通，完成信息的收集、整理和发布等。其中电话沟通是客服代表最常用的方式。客服代表的沟通能力直接决定了客户对企业服务质量和个人工作效率的认可与否，所以具备高效沟通能力是一名客服代表最基本的素质。可以说，具备良好的沟通能力决定着个人绩效，甚至职业生涯发展。

二、有效沟通的三要素

1. 明确沟通目标（目的）

要沟通就要有一个明确的目标，这是有效沟通最重要的前提。在呼叫中心的日常工作中，通常分为呼入和呼出两种类型。对于呼入型业务来说，每一个拨打电话的客户都会有明确的需求，也就是客户拨打电话的意图、目的和需求。客户通常在电话接通后便会说明自己的需求。

例如：

◆ "我想查询一下我的积分，看看能够兑换什么礼物。"

◆ "我想预订一张5月27日飞往三亚的最便宜的机票。"

根据以上两句可以清楚地了解客户的来电目的。第一句话的客户目的是在掌握自己具体积分数量的基础上进一步了解能够兑换哪些礼物。也就是说，兑换礼物是客户的真实目的，但需要完成积分查询来确定礼品兑换的结果。

第二句话的客户需求是要指定日期飞往指定目的地的最便宜的机票，客户的主要需

学习任务5 有效客户沟通技巧

求是价格最便宜。

看上去简单的两个例子说明了客户打进来的每一个电话都是带着明确的目标的,客服代表要做的是明确客户希望达成的目标。这是与客户建立有效沟通的第一步。

但是并非所有人都能够将自己的意图表达得十分清楚,有些客户由于自身的思维逻辑和表达能力欠佳,会导致无法完全用语言表达清楚真实想法,出现只言片语,很难让人理解。这就需要客服人员运用技巧去挖掘客户的真正需求,从而进一步地为客户解决问题。

另外,在呼出电话的时候,客服代表会在电话接通的时候向客户道明自己的身份以及来电意图,这样会使客户明白来电目的,同时也方便开展下一步工作。

例如:

◇ "张先生您好,我是××××客户服务中心0125号,抱歉打扰您。今天给您打电话主要是为了我公司能为您提供更好的服务,希望您参与我们的问卷调查活动……"

总之,沟通要有一个明确的目标,这是客户服务中进行有效沟通最重要的前提。

2. 达成共同协议

当明确了客户来电意图,确定本次沟通目标后,客服代表要做的就是通过运用各种沟通技巧最终与客户达成共识,也就是沟通结束以后一定要形成一个双方共同承认的协议,只有形成了这个协议才叫作完成了一次有效沟通。如果没有达成协议,就不能称之为有效沟通。在实际的工作过程中,我们常见到客户与客服代表由于对沟通的内容理解不同而没有达成协议,导致客户不满意甚至升级为投诉的情况,最终造成了客服代表工作效率的低下,这种明显的"沟"而不"通"的情况是普遍存在于实际工作之中的,然而我们却习焉不察。

在我们和客户沟通结束的时候,我们一定要针对本次沟通内容进行总结。这是有效沟通的一个非常重要的体现,就是在沟通结束的时候一定要做总结,这是一个非常有效的沟通技巧。

3. 沟通信息、思想和情感

客服代表在为客户服务的过程中并非只是传递信息这么简单的工作,也就是说沟通的内容不能仅仅是例如"您的本次账单是1452.65元""您需要的乘车路线是……"等简单信息的传递,这仅仅只能满足客户的最基本需求。在沟通过程中包含更加重要的东西,就是在沟通过程中要传递思想和情感。例如,面带微笑地对客户说"您的本次账单是1452.65元,祝您用卡愉快""您需要的乘车路线是……祝您乘车顺利"。运用客户看不见但是能感觉到的肢体语言——微笑,加上让人感觉温馨的祝福语来表达,这是一种思想与情感的传递,不但满足了客户的需求,更能让客户有一种被尊重的感受。因为客户需要温情化服务,而不是冷冰冰的服务。

三、有效沟通的三原则

在与客户沟通过程中,想建立一个良好的沟通氛围并且使沟通有一个良好的结果,必须遵循三个原则。

1. 谈论行为,不谈论个性

谈论行为就是讨论一个人所做的某一件事情或者说的某一句话。个性就是对某一个人的观点或评论,即我们通常说的这个人是好人还是坏人。因此,"谈论行为,不谈论个性"的原则也就是"对事不对人"的原则,在日常工作中常常会出现客户不理解,但客服代表自认为简单的问题,客服代表不能够在沟通中给客户一种"这种简单的问题都不明白"的感觉,这里要明确的一点是"客户不是专业人士,客服代表才是这个领域的专业人士",客户遇到困难才会寻求帮助,客服代表不仅要为客户解决问题,还要考虑客户的感受。所以,在与客户沟通过程中一定要遵循"对事不对人"的原则,把沟通重点放在如何为客户答疑解惑。当客户问题得到了解决,并且达到了交流思想和情感的效果时,客户一开始的疑惑、抱怨和投诉都会迎刃而解。

2. 要明确沟通

在与客户沟通的过程中,客服代表说的话一定要非常明确,让客户有个准确的、唯一的理解。在沟通过程中避免说一些模棱两可的话,例如,出现"应该、可能、大概、也许"等不确定的语言。例如,某位客户咨询某物流快递客服中心关于货物多久能够送达的问题,客服人员回答"应该在下周二可以到货,如果下周二货物没有抵达,您再拨打电话咨询",这个时候客户得到的信息就是不明确的。所以,沟通中一定要让客户有一个明确的理解。

3. 积极倾听

倾听,指的是设身处地地听。目的是不仅要听到客户所讲的内容,判定需求,更重要的是要听出客户的感情和心中的世界,去发现客户的真正需求和潜在需求。学会倾听客户的心声也是对客服代表的基本要求。倾听是客服代表与客户拉近距离的有效工具、是建立客户信任的润滑剂、是心与心的碰撞、是思想与情感的交流与融汇。

四、有效沟通的基本步骤

一般说来，有效沟通可以分为以下六个步骤。

1. 事前准备

我们在针对呼出的工作时，尤其是进行电话营销或者电话回访的工作，为了提高沟通的效率，要事前做好准备。

（1）设立沟通的目标

设立沟通的目标非常重要。我们在与客户沟通之前，心里一定要有一个目标，明确自己希望通过这次沟通达到什么目的。前文已经提到，沟通一定是有目的性的，毫无目的的交流叫作聊闲天或侃大山，不是沟通。

（2）制订计划

有了目标后，就要有计划，怎么与客户沟通，先说什么，后说什么，遇到情况怎么应对。如果情况允许，最好制作一个表格，把要达到的目的，沟通的主题、方式、时间、地点、对象和一些注意事项等都列举出来。实践证明，计划制订得越充分，沟通的效果就越好。

（3）预测可能遇到的异议和争执

预测可能遇到的异议和争执也非常重要。世界上没有两片完全相同的树叶，更不可能存在两个观点信念完全相同的人，再心心相印的亲朋好友也会产生这样那样的分歧，何况我们在工作中要接触形形色色的客户。所以，对于可能出现的异议和争执，首先要有充分的心理准备，其次还要根据具体情况对其可能性进行尽可能详细的预测，这些预测可以根据沟通的内容和沟通对象等自己掌握的具体情况做出，这也是对沟通的必要准备，有利于提升沟通的效果。

2. 确认需求

确认需求有三个步骤：

第一步：积极倾听。要设身处地地去倾听，用心和脑去倾听，为的是理解对方的意思。

第二步：有效提问。就是要通过提问更明确地了解对方的需求和目的，以便对自己的话术进行调整，通过相互调整形成共识，最后达成双方都能够接受的协议。沟通过程中有三种行为：说、听、问。会提问是非常重要的一种沟通能力，因为提问可以帮助我们了解更多更准确的客户信息，甚至能够发现客户的潜在需求。在开始的时候会提问，在结束的时候也会提问。同时，提问还能够帮我们控制沟通的方向、控制谈话的方向。

第三步：及时确认。当你没有听清楚、没有理解对方的话时，要及时提出，一定要完全理解客户想要表达的意图，做到有效沟通。

3. 阐述观点

阐述观点就是怎么样把你的观点更好地表达给对方，并且让对方能够真正地全部理解你的意思，这是非常重要的。

在表达观点的时候，有一个非常重要的原则——FAB法则。FAB是三个英文单词的缩写：F就是Feature，即特性；A就是Advantage，这里翻译成优点；B就是Benefit，即利益。在阐述观点的时候，按这样的顺序来说，对方就容易听懂、容易接受，同时印象也会非常深刻。

谈到FAB，销售领域内还有一个著名的故事——猫和鱼的故事。

一只猫非常饿了，想大吃一顿。这时销售员推过来一沓钱，但是这只猫没有任何反应。这一摞钱只是一个特性（Feature），如图5-2所示。

图5-2　猫和鱼的故事1

猫躺在地下非常饿了，销售员过来说："猫先生，我这儿有一沓钱，可以买很多鱼。"买鱼就是这些钱的优点（Advantage）。但是猫仍然没有反应，如图5-3所示。

猫非常饿了，想大吃一顿。销售员过来说："猫先生请看，我这儿有一沓钱，能买很多鱼，你就可以大吃一顿了。"大吃一顿就是利益（Benefit）。话刚说完，这只猫就飞快地扑向了这沓钱，如图 5-4 所示。这个故事就是一个完整的 FAB 的顺序。

图 5-3　猫和鱼的故事 2

图 5-4　猫和鱼的故事 3

4. 处理异议

在与客户沟通中，异议是经常会遇到的，因为双方的观点不可能总是相同的，而成年人固有的观念和习惯比较难改变，不容易被别人说服。所以，在沟通中一旦遇到异议，就很容易导致沟通的失败。

解决人际关系问题中最具威力的三个字是"我理解"。在沟通过程中，塑造一个让客户可以畅所欲言、表达意见的环境，展现支持、理解和肯定的态度，尊重客户的情绪及意见，让他觉得与你交谈是件轻松愉快并且获益良多的事，这样才有利于排除异议，从而达成共识。

5. 达成协议

沟通的结果就是沟通双方最后达成了一个协议。一定要注意：是否完成了沟通，取决于最后是否达成了协议。

6. 共同实施

达成协议只是沟通的一个结果，在与客户达成协议之后还要共同实施。在工作中，任何沟通的结果都仅仅意味着一项工作的开始，而不是结束。要按照协议去实施，并取得客户预期的效果，才是真正有效的沟通。如果我们达成了协议，可是没有按照协议去实施，那么客户会觉得你不守信用，就会对你的企业失去信任。我们一定要注意，信任是沟通的基础，如果你失去了对方的信任，那么下一次沟通就会变得非常困难。所以，作为一个出色的客服代表在沟通的过程中，一定要努力按照协议去实施。

总之，在沟通的过程中，如果按照这六个步骤去沟通，就可以使客服工作效率得到更大的提升。

五、了解有效倾听

1. 有效的倾听的四个步骤

（1）准备倾听

首先，通常在接通电话的过程中，客服代表是较为被动的，客服代表要准备好倾听不同的意见，从对方的角度想问题。

（2）发出准备倾听的信息

通常在倾听之前客服代表会和客户有简短的语言交流，显示对发出信息者的充分注意，这就等于在告诉对方：我准备好了，您可以说了。通常这种简短的语言交流就是指问候语。

（3）采取积极的行动

积极的行为就是在沟通过程中鼓励对方去说，也就是适时地附和客户，这种积极的姿态表示：你愿意去听，努力在听。同时，对方也会有更多的信息发送给你。

（4）准确理解对方全部的信息

倾听的目的是理解对方全部的信息。在沟通的过程中你没有听清楚、没有理解时，应该及时告诉客户，希望客户能重复或者解释。

2. 倾听的作用

在客户服务工作中，倾听技巧起着非常重要的作用。

一是放松心情。客户可能会因为客服代表倾听的态度就感到心情舒畅，为进一步沟通打下坚实基础。倾听使客户感受到被尊重。

二是帮助客服代表理解客户的情绪和行为。在倾听的过程中客服代表能将客户的信息进行加工梳理,从而理解客户话语中确切的含义。

三是增强客户对客服代表的信任,拉近距离。认真地倾听客户并适当做出反应,可以消除隔阂、不信任和敌对,使双方之间的沟通更加融洽。

四是改善沟通气氛,有利于双方达成协议。

心理学家指出,善于倾听的人容易克制冲动,控制愤怒,营造一个平和的人际环境,而这对于成功与健康是有百益而无一害的。

3. 倾听过程中的注意事项

在倾听的过程中,需要注意以下几点。

1)倾听者要适应讲话者的风格。每个人发送信息的时候,说话的音量和语速是不一样的,你要尽可能适应讲话者的风格,匹配讲话者的说话习惯,尽可能地接收更多、更全面和更准确的信息。

2)倾听不仅仅用耳朵在听,还应该用心去感受客户。

3)首先要理解客户。要学会站在对方的角度去想问题。有些客服代表容易犯的错误是,还没有听完客户的话就根据自己的理解打断对方,进行争论。这种粗暴的行为是不礼貌的,极易引起客户反感,造成矛盾。

4)鼓励对方。在倾听的过程中适当给予客户回应,表示认同和鼓励,表现出倾听的兴趣。

六、有效倾听的技巧

1. 表现出愿意提供帮助的意愿

在沟通过程中运用下面一些话术来表示愿意为客户提供帮助。

"为了更好地帮助您……"

"我很愿意为您解决问题。"

"很高兴为您服务。"

当客户正在关心自己的问题是否能够得到解决的时候,客服代表体贴地表现出愿意提供帮助,客户自然会感觉到安全、有保障和可信任,从而消除疑虑,取而代之的是信任。接下来客服代表要做的就是为客户提供解决方案。

在为客户提供解决方案的时候要注意以下几点:

首先，一个问题的解决办法不一定是唯一的，所以客服代表应尽量提供多套方案供客户选择。这会让客户感觉到服务的人性化以及被尊重，从而得到客户更多的认可和配合。

其次，要做到诚实。能够第一时间帮助客户解决问题当然最好，但是有些问题可能比较复杂或特殊，甚至超出了客服代表的工作权限范围，不确定应该如何为客户解决。此时应诚实地告诉客户，情况有些特别，会尽力帮助客户寻找解决的办法，但需要一点时间。

然后，约定给客户回复的时间，需要注意的是，应尽量多留给自己一些处理时间，例如，这件事正常情况下给客户回复的时间是 5 分钟，在同客户约定时间的时候可以定在 10 分钟。这样做的好处是：第一，如果 5 分钟就给客户回复，客户会认为你的工作效率很高，服务优秀；第二，客服代表每天都要处理各种各样的问题，有可能多个问题需要在同一时段处理，本来处理一件事情需要 5 分钟，但是有其他事情更急，这样就造成了这个事情有可能被延误处理，一旦超出和客户约定的时间，客户的满意度就会大大下降。这也是设立客户期望值的一个简单的方法。

约定好时间以后，客服代表需要做的就是确保在这个时间内给客户回电话。即使到时候你仍不能帮客户解决问题，也要准时打电话向客户解释并说明工作的进展，表明自己所做的努力，并再次约定给客户答复的时间。与向客户承诺你做不到的事相比，诚实会更容易得到客户的尊重和理解。

2. 鼓励客户先开口

首先，倾听客户讲话本来就是一种礼貌行为。愿意倾听客户的诉求表示我们愿意客观地考虑客户的看法，这会让客户觉得我们很尊重他的意见，有助于建立融洽的关系，进行友好沟通。

其次，鼓励客户先开口，可以降低沟通过程中的竞争意味。客服代表的倾听有助于彼此交换意见。

再次，客户首先开口，客服代表就有机会在表达自己的意见之前掌握双方意见一致之处。

3. 接受客户的观点

尊重客户的观点，可以让对方了解我们一直在听，并且我们也听懂了他所说的想法，有可能我们不同意客户的观点，我们还是尊重他的想法。如果客服代表无法接受客户观点，就很难和客户彼此接纳，也不可能建立起良好的关系。

接受客户的观点能够帮助客户建立自信，从而使客户也愿意接受客服代表的不同意见。

4. 总结重点，确认理解

当客服代表与客户进行沟通的时候，需要一边倾听，一边从客户的谈话内容中整理出重点。所以，在倾听过程中必须删除无关紧要的部分，把注意力集中在客户想说的重点和客户的主要想法上，并且熟记。

之后针对重点内容向客户进行确认理解，做到真正理解客户所讲的内容。

"您的意思是……我这样理解对吗？"

"我重复一下您的意思是……"

"按我的理解，您是说……"

如果我们不太确定客户比较重视哪些重点或想法，就可以运用提问的方式进行有效的信息挖掘。

5. 倾听过程中不打断客户说话

客户在表达自己的观点的时候，一些客服代表经常会不耐烦，急于发表自己心中的想法，往往因此打断客户。打断客户，会让客户感觉沟通受到阻碍，甚至受到伤害。更重要的是，由于人们往往习惯将重要的内容放在后面说，也就意味着你会失去客户要讲的重要的信息，通常这些重要的信息就是客户真正的意图和需求。一旦客户被打断，就失去了吐露心声的兴趣，这对为客户解决问题造成了很大的阻碍。

例如：

一个顾客急匆匆地来到某商场的收银处。

顾客说："小姐，刚才你算错了50元……"

收银员满脸不高兴："你刚才为什么不点清楚，银货两清，概不负责。"

顾客说："那谢谢你多给的50元了。"

顾客扬长而去，收银员目瞪口呆。

请注意不要打断客户，不要假设了解客户。用心倾听，不打断对方说话，不要随意插话。让客户把话讲完，你再讲话。

6. 集中精力，适时回应

集中精力在客户身上，并让客户时刻感受到他正在备受尊重。

很多客服代表忽略了这一点的重要性。表面上他们在倾听客户讲的内容，实际上心里不断地在想如何应对客户，结果还是会忽略客户要讲的重要信息。

如何才能让客户感觉到你在听他的讲话，并且还不打断客户呢？很简单的办法就是适时给予客户回应，也就是类似于附和的简单语言，例如，"好的""您请讲""我理解""然后呢"和"原来是这样"等词语。这样不仅能让客户知道你在听他讲话，还能起到鼓励客户的作用，客户会认为找到一个很好的倾听者，并且愿意把更多的信息传达给你。

相信每个人都有这样的经历，当你在打电话的时候，对方很长时间都没有声音，这个时候你会担心地问一句："喂？你在听吗？"因为你担心电话断线了或者信号不好。这种情况如果是发生在生活中可以不必去追究，但是千万不能发生在和客户沟通的过程中。

7. 倾听关键词语

所谓关键词语指的就是在与客户沟通过程中，客户描绘具体事实的字眼，并且透露出某些信息，同时也显示出客户的兴趣和关心。通过关键词语可以判断出客户喜欢的话题以及内心需求。

例如：

客服代表："现在是您负责这个部门的日常管理吗？"

客户："现在还是我来负责。"

客服代表："您的意思是不是说您未来可能不在这个部门了？"

这里有两个关键词："现在""还"。有些人会认为客户就是负责人。但一个出色专业的客服代表就会发现其中的疑问，进一步提问："您的意思是不是说您未来可能不在这个部门了？"客户："是啊，我下个月就离职了。"这个信息是不是很重要？

通过倾听并锁定关键词可以帮助客服代表抓住与客户沟通的核心。

8. 避免使用专业术语

在电话沟通的过程中，应避免使用专业术语。不少客服代表为了炫耀自己的专业水平，在电话中讲很多客户听不懂的专业术语，搞得客户迷迷糊糊。这是客户服务中的一个禁忌。

9. 做好沟通记录

俗话说：好记性不如烂笔头。一线客户服务人员每天要面对许多客户，每一位客户的要求都不尽相同。在通话中记录与客户谈话的重点是避免遗忘客户信息的最安全的方法。

记录谈话内容除了防止遗忘以外，还有以下好处：具有核对作用，在重复确认客户意思的时候核对你听到的与客户所要求的有无不同。并且在达成协议后进行实施的时候，可以根据记录检查是否完成客户需求。这样就能避免遗忘造成的客户投诉，消除"已经交代了"和"没有听到"之类的口角纷争。

七、有效提问的技巧

在确认需求的过程中，提问是最有效的一项技巧。常见的提问有开放式问题和封闭式问题。

开放式问题就是，为引导客户能够自由表达而选定的话题，如果需要多了解客户的需求，就要提出开放式的问题。开放式问题的疑问词通常有："什么""哪里""告诉""为什么""谈谈"和"如何"等。通过开放式提问可以得到一个全面的答案，而不仅仅是得到"是""不是"之类简单的答案。这样，通过提出一系列问题，我们将能更好地了解对方打电话的需求，提供最具针对性的解决方案。

例如：

"您希望我如何帮您呢？"

"昨天您和我的同事沟通的时候，他告诉了您哪些方面？"

"请告诉我是什么时间？发生了什么事情呢？"

....

封闭式问题通常只需要回答"是"或者"不是"。

封闭式的问题是为了引导谈话的主题，由提问者选定话题，希望对方的回答在限定的范围内。封闭式常用的疑问词有："是不是""能不能""会不会"和"可以不可以"。

如果你想确定某些不确定的信息时候，就需要对客户提出封闭式问题。但封闭式问题不宜使用过多，这样会给客户带来一种压力，同时也不利于信息收集。

由于平时我们在提问的过程中没有注意到开放式和封闭式问题的区别，往往会造成收集的信息不全面或者浪费了很多时间。

举两个简单的例子来说明这两种问题的不同之处。

开放式的问题："会议是如何结束的？"对方可能会告诉你非常多的信息，会议都有谁参加，从几点开始到几点结束，最后形成了什么协议，然后在什么样的氛围中结束。

封闭式的问题："请问会议结束了吗？"我们只能回答"结束了"或者"还没有"。

开放式的问题:"我想问一下,去北京都有哪些航班,这些航班的时间为几点?"服务人员就会告诉你非常多的信息。

封闭式的问题:"有4点去北京的航班吗?"回答可能是"没有"或者"有"。

在我们工作中,有些人习惯用开放式的问题与人交流,而有些人却习惯于用封闭式的问题,我们只有了解了两种提问方式的优劣处,才能够更加有效地提问。

1. 开放式和封闭式问题的优点和缺点

(1) 封闭式问题的优点和缺点

优点:封闭式问题可以节约时间,容易控制谈话的气氛。

缺点:封闭式问题不利于收集信息,简单地说,封闭式问题只是确认信息,确认是不是、认可不认可和同意不同意。还有一个不好的地方就是用封闭式问题提问的时候,对方会感到有一些紧张。

(2) 开放式问题的优点和缺点

优点:收集信息全面,得到更多的反馈信息,谈话气氛轻松,有助于帮助分析客户是否真正理解你的意思。

缺点:浪费时间,谈话内容容易偏离主题。一定要注意,收集客户信息要用开放式问题,特别是确认某一个特定的信息就适合用开放式问题。

在沟通中,通常是一开始沟通时,我们就希望与客户营造一种轻松的氛围,所以在开始谈话的时候最好问一个开放式问题;当发现话题偏离主题时可问一个封闭式问题;当发现对方比较紧张时,可以问开放式问题,使气氛轻松。

在我们与别人的沟通中,经常会听到一个非常简单的口头禅:"为什么?"当别人问我们为什么的时候,我们会有什么感受?我们会认为自己没有传达有效的、正确的信息;或者没有传达清楚自己的意思;或者感觉自己和对方的交往沟通可能有一定的偏差;或者沟通好像没有成功等,所以对方才会问为什么,实际上他需要的就是让你再详细地介绍一下刚才说的内容。

2. 不利于收集信息的问题

(1) 少说"为什么"

在与客户沟通过程中,我们一定要注意,尽可能少说"为什么",用其他的话来代替。例如,你能不能再说得详细一些?你能不能再解释得清楚一些?这样给客户的感觉就会好一些。实际上在提问的过程中,开放式和封闭式的问题都会用到,但要注意,我们尽量要避免问过多的"为什么"。

（2）少问带有引导性的问题

难道你不认为这样是不对的吗？这样的问题不仅不利于收集信息，还会给对方不好的印象。同时，反问客户也是不礼貌的行为。

（3）避免问多重问题

连续问对方很多问题，会使对方不知道如何去回答。即使客户回答了，也不会全部回答，这种问题也不利于收集信息。

3. 其他常用提问技巧

提问的方式不同，得到的结果就会不同。在客户服务日常工作中还有以下常用技巧。

（1）特定的问题

特定的问题有助于了解所述内容。特定的问题主要有两类：一类只需要回答简单的答案；另一类类似封闭式问题只需要回答"是"或"不是"。

话术举例：

"昨天你和谁一起逛街？"

"这个号码方便与你联系吗？"

（2）可选择性问题

这类提问方式是给对方选择的内容，使其选择其中一种。

话术举例：

"您看我是下午给您打电话，还是明天上午？"

"您是想查询账户余额，还是想查询本期账单？"

（3）引导性问题

这种问题有助于加速双方之间的合作。

有时候我们需要与一些很难做出决定的客户沟通。引导性的问题应该能够帮助客户更容易认可你提供的相关信息资料。

话术举例：

"那么您是否愿意一周后收到这些相关产品资料呢？"

"如果面谈不方便的话，您看我们电话线沟通一下好吗？"

（4）问简单的问题

提问的目的是探寻客户的需求，明确了客户的需求，客服代表就有了工作的方向。

想要客户说出自己的需求,在建立起良好的沟通氛围的同时需要提出一些简单的问题。这样便于客户回答,从而收集到有效的信息。

话术举例:

"这部车是您自己开,还是别人开?"

"您平时喜欢穿什么款式的衣服?"

"您喜欢哪个牌子的数码相机?"

"您是自己用,还是送人?"

"您今天是喝咖啡还是喝柠檬汁?"

(5)问"回答'是'"的问题

在沟通的过程中,可以问一些"回答'是'"的问题。提问这样的问题,客户会觉得你提出的问题是为他着想,有利于沟通,能够很快地拉近彼此距离,取得客户信任。

话术举例:

"如果用起来不开心,而且还花了不少钱,反而感觉很浪费,您说是吧?"

"送女朋友衣服应该选择比较时尚的款式,您说对吧?"

"买电器,不仅要买知名品牌,售后服务也很重要,您说是吧?"

(6)问二选一的问题

小故事

在商旅服务企业的酒店预订中心里,员工的提成按照客户预定房价数量和入住几晚的数量来获取。但是往往在预定过程中技巧运用不好的客服代表提成拿的就会少。有一对兄弟俩,在一家酒店预订中心做客服代表,虽然工作都是一样的,但是收入却大不相同。哥哥的收入总是比弟弟的好。

哥哥在为客户预订酒店的时候会问:"请问您是预订一间还是两间呢?"

弟弟在为客户预订酒店的时候会问:"您看是否预订呢?"

结果,哥哥的业绩总比弟弟的好。

表面上看"预订一间还是两间"和"是否预订"两个问题最后的决定权都在客户,可哥哥帮助客户做了一个选择。

弟弟:"您看是否预订呢?"

客户:"要"或者"不要"

哥哥:"请问您是预订一间还是两间呢?"

客户:"一个"或"两个"……

当弟弟询问客户"是否预订"的时候，客户要做的选择是订或者不订，而哥哥在询问客户"预订一间还是两间"的时候，客户需要作出的选择是一个或者是两个，而无论客户作出哪一个选择，哥哥帮助客户做了"预订"的假设，略过了思考"'订'还是'不订'"。

当然，客户都会有潜在的第三个选择权，就是不订，但出于人的思维定式，通常都会顺着问题设定的语境去思考并且做出决定。

同样的道理，在客户服务过程中，我们也可以用这样的提问方式。

话术举例：

"您要联想的还是惠普的？"

"您要喝咖啡还是喝茶？"

（7）不要连续发问

在与客户沟通的过程中不要连续发问，连续发问会让客户有种压迫感，感觉在被调查被询问，很容易引起客户的反感。原则是不连续提问超过两个问题，问了问题等客户回答以后，再根据客户的回答来做下一步的沟通。这也就要求客服代表提出的问题应非常具有针对性，运用少数的问题就能挖掘出想要的信息。

八、总结的技巧

总结与重复（理清）的能力是指客服代表针对客户提供的重要信息进行实时性的重复核对，以及当客服代表与客户沟通过程中产生分歧时及时帮助客户理清事情头绪并使沟通走向正确方向的能力。

1. 重复

重复在客服代表与客户沟通过程中的作用是，当客户提供一些关键信息的时候，需要客服代表实时地进行重复确认，从而避免由此带来的工作失误。这些信息包括：客户的姓名、电话、地址、邮编、证件号码以及客户的特殊要求等。

重复的另外一个作用就是客服代表在倾听客户的来电意图之后，将此意图复述或者换一种表达方式讲给客户听，以便向客户确认客服代表的理解是否有误。

2. 总结

客服代表将本次沟通进行总结归纳，它与重复不同，重复是会发生在沟通的任何一个阶段，而总结往往出现在沟通快要结束的时候。其目的同样是和客户确认本次沟通的

客户服务沟通能力训练

内容,这些内容包括客户来电有哪些要求、客服代表提供哪些解决方案、承诺的处理时间范围和其他注意事项。

3. 理清

当一件事情出现两种或以上不同看法或矛盾的时候,可以使用理清的技巧。

在日常工作和生活中,往往不同的人看到同样的事物,所作出的反馈是不同的,这就有可能产生分歧。这个时候需要利用总结和重复的办法进行理清。常见的理清的方法就是通过在重复与总结的过程中找出矛盾事物的共同点,有针对性地进行解释。

拓展阅读

中国有句古训"志不强者智不达,言不信者行不果",意思是说:意志不坚强的人学识肯定达不到水平,说话不讲信用的人不会有好下场。讲信用,是我们中华民族的优良传统。

在我们的日常工作过程中,诚信是沟通的基础和前提,沟通最基本的心理保证是安全感,没有安全感的沟通交往是难以发展的,只有抱着真诚的态度与客户沟通,才能使对方有安全感,从而容易引起情感上的共鸣。

诚信在客户服务作中体现为两个方面:

一是不能欺骗客户。

客服代表要诚实地介绍商品或服务内容,不能为了完成业绩而对客户欺骗欺瞒,要真诚地运用所掌握的信息和知识为客户排忧解难。

二是说到要做到。

客户代表在面对客户的询问时,为了坚定顾客的信心,会作出一些承诺,这时我们要信守承诺,答应客户的一定要做到。

例如,答应了客户稍晚回电,就算时限内客户的诉求还没有得到妥善处理,也要在承诺的时间里与客户联系汇报当前进展,这样可以更好地取得客户的信任。

学习任务 6

正确处理客户投诉

任务描述

呼叫中心是客户投诉集中出现的主要部门，客户会把对于企业的不满、意见和建议反映到企业的客户联络中心。通过联络中心将客户所反映的信息进行收集、整理、解决和反馈，从而达到客户满意、企业改进的目的。而受理客户诉求是一线客服代表的核心岗位职责。

如果客服代表对客户的投诉缺乏正确的认识，不能正确地分析产生客户投诉的原因，把握客户的心理状态，那么面对客户的投诉时，往往会充耳不闻、敷衍了事，甚至产生对投诉客户的抵触情绪，这就为客户投诉处理埋了重大的隐患，客服代表一旦处理不当，就会加大客户对企业的不满，导致客户流失。

综上所述，客服代表具有良好的客户投诉处理能力，无论对于客户的服务体验，还是对于企业的自身发展都是至关重要的。

- ⊃ 树立对投诉的正确认识；
- ⊃ 能够快速判断客户投诉的原因；
- ⊃ 能够正确把握客户投诉心理；
- ⊃ 能够运用客户投诉处理的方法和步骤解决不同类型客户的投诉。

客户服务沟通能力训练

工作准备

- 理解任务要求，对呼叫中心日常工作有一定的了解；
- 掌握客户服务技巧和有效沟通技巧；
- 熟悉呼叫中心呼入呼出业务流程；
- 了解客户消费心理基础知识。

获取信息

请每个组员分享一个自己生活中投诉的案例。

引导问题 1： 请记录下所有组员的投诉案例，对照拓展知识找到对应的客户投诉原因和投诉心理，填写表 6-1。

表 6-1　客户投诉案例分析表

组员姓名					
涉及行业					
投诉内容					
投诉原因					
投诉心理					
其他补充					

引导问题 2： 请思考投诉对于企业的意义是什么？是不是我们应该对投诉的客户"避而不及"？

_____

_____

_____

学习任务 6 正确处理客户投诉

💡 **引导问题 3：** 请总结处理客户投诉的基本原则。

_____
_____
_____
_____
_____

💡 **引导问题 4：** 请分析以下客户投诉处理案例，并在括号中填写客服代表的话术属于哪个步骤。

A：您好，5445 号很高兴为您服务，请问有什么可以帮您？

C：我在你们那儿订票了，还没有送过来，你帮我看看什么时候送，我好安排人签收啊。（   ）

A：抱歉，请问您是欧兆，欧先生吗？

C：是呀，我都下订单已经好几天了。

A：非常抱歉，欧先生，请您稍等，请问您预订时的电话号码是多少？
（   ）

C：你看不到吗？就我打的这个电话订的。

A：您好，请问您订的是 3 月 14 日的《茶花女》80 元的 2 张门票吗？
（   ）

C：是。

A：您好，欧先生，查询到您的订单是在我们网上提交的，但是由于您的电话停机，我们一直联系不上您，所以还没有给您出票，实在抱歉，您看现在需要为您重新提交一次吗？（   ）

C：那我留言不是说了要今天给我送过来的吗？怎么回事呀？还有票吗？

A：非常抱歉，欧先生，我很明白您着急的心情，请您原谅，目前还是有票的，但是要明天才能给您送过去了，可以吗？（   ）

C：不行，今天你们一定要给我送过来，现在才 3 点，你们安排不就得了吗？谁让你

111

们不出票呢。

A：欧先生，为了保证票务的正常使用，我们所有订单都务必与客户取得联系后才能出票的，实在很抱歉，请您谅解。

C：不管，反正你们今天一定要给我送过来。

A：欧先生，您看我先与快递公司联系，稍后给您回复，好吗？
（　　　　　　　　　　　）

C：好吧，快点啊。

A：实在抱歉，感谢您对我们工作的支持，稍后我们的工作人员会对您的问题处理进行回访，请你注意电话接听，感谢您的配合！（　　　　　　　　　　　）

引导问题5： 请总结处理客户投诉处理的方法。

_____
_____
_____
_____
_____

引导问题6： 请分析以下客户投诉案例中，客服代表都使用了哪些投诉处理办法？

_____
_____
_____
_____
_____
_____

某客户向10000号咨询聊天短信96188是否收费及如何取消，与受理人员发生激烈争执，通话过程中，线路突然中断，客户认为客服代表强行挂断电话，并由此向上级主管部门提出申诉。

客服代表：您好，请问您是王先生吗？

客户：是的。

学习任务6　正确处理客户投诉

客服代表：我是10000号服务督导，负责公司服务投诉管理。您昨天向省管局投诉了我台1037号服务态度不好，是吗？

（客服代表主动向客户介绍自己的身份，介绍自己工作的重要性，从而获得客户信任和重视。一般来讲，客户对职位较高的服务人员更加信任。）

客户：是的。

客服代表：对于您的投诉，我们领导非常重视，指示我们一定要认真调查，并严肃处理。今天我给您打电话的主要目的：一是了解一下当时的情况，我们不会单方面听我们客服代表的一面之词。二是希望能妥善解决您的问题。

（客服代表介绍自己的来意，向客户表达电信公司解决客户问题的诚意，使客户感到被理解和尊重，给客户优越感，巧妙运用善意谎言，也使客户感觉客服代表的处理一定是公平的，由此消除客户心中的怨气。）

客户：当时，我只是想咨询一下……

客服代表：从您的谈话中，我觉得您是一个有稳定收入的人，其实您并不是在乎钱的问题……（客服代表用赞美来平息客户的怒气。）

客服代表：对您的情况，我在我公司的系统中查了一下，您是在10月18日22:10向我台咨询96188聊天短信收费的问题，当时我台1037号客服代表受理了您的来电，她与您的通话时长25分钟。1037号客服代表是我台新招人员，因为当时她对您咨询的业务并不熟悉，所以想闭台，问一下值班长，结果因操作失误，造成了与您的通信中断。她并不是有意挂您的电话……

（客服代表事前作了充分的调查准备工作，并将调查情况向客户作了认真解释。适时巧妙地运用澄清问题法将客户误解澄清。特别是在解释过程中，注明了当时投诉的准确时间、时长等数字，使客户感受我们的调查是细致、准确和可信的。）

客服代表：对于1037号客服代表的工作失误，给您带来不愉快，我代表电信公司向您道歉。对于1037号客服代表，我们一定会根据公司有关规定严格考核，同时，我们将加大新员工培训力度，尽量避免在工作中出现类似错误。

客户：沉默片刻。

（适时沉默，倾听客户声音。）

客服代表：我们这样处理您满意吗？

客户：满意。

客服代表：您以后有什么问题需要解决，可以直接与我联系，我的电话是……，感谢您使用10000号服务热线。

 **制订计划**

组织团队并进行小组分工，填入小组工作计划表见表6-2。

表6-2 小组工作计划表

班级		组别		指导老师	
组长		学号			
组员及分工	姓名	学号		分工	

任务安排

1）时间：90分钟，其中45分钟进行组内讨论及话术编写，30分钟进行分组演示，15分钟进行交叉点评。

2）分组方法：分小组进行实训，组内自行分工。

3）执行方法：请阅读及分析以下客户投诉案例，并完成小组任务。投诉工单见表6-3。

学习任务6　正确处理客户投诉

表6-3　投诉工单

来电时间	2023/1/13 13:12	来电号码	139××××××××	建单时间	2023/1/13 13:12
客户名称	秦钟清	客户级别	银卡	会员卡号	VIP24881411
联系人	秦钟清	联系电话	139××××××××	客户类型	个人客户
订单编号	55302892	投诉类型	商品投诉	子类型	包装破损
收货地址	山西省大同市××新区恒达绿洲B座2012号				
投诉内容	客户来电投诉收到商品外包装破损，担心影响婴儿使用卫生安全，要求退货				
处理结果	告知客户在线提交退货申请，退货运费以红包形式退还				
坐席	吴洋[12269]			坐席号	12269
客户分析	秦钟清女士，籍贯山西，山西省大同市××设计研究所办公室文员，热情健谈，热爱社交。表达能力强，工作要求严格，时间观念强，日常工作和生活中追求效率。工作和生活中性格比较强势，性情急躁，以自我为中心，喜欢指挥别人				

坐席：您好，萌芽12269很高兴为您服务，请问有什么可以帮您？

客户：我要投诉，你们的服务简直太差了。

坐席：女士，您先不要生气，能告诉我我们有哪些地方做得不对吗？

客户：你们送货慢就算了，送过来还是破的，你说怎么让孩子用，你给你们家孩子用脏的纸尿布吗？

坐席：女士，实在抱歉，您是说您收到纸尿布是破损的，而且已经污染了，对吗？

客户：就是啊，不知道你们怎么搞的，气死人了。

坐席：女士，实在抱歉，让您有不好的感受，为了更好地帮助您，我可以先了解下是哪个订单吗？

客户：就是前两天一直不发货，你们拖了很久才送货了那单啊。

坐席：好的，请您稍等，我查询下以往的记录。请您不要挂机。

客户：行吧行吧，你们可真麻烦。

坐席：感谢您的耐心等待，查询到您2023年1月4日下单购买了5包××牌金装纸尿裤婴儿尿不湿NB80片，收货人为秦钟清，收货电话为：139×××××××。

客户：对啊，给你在线留言，打电话说过好多回了，拖了十多天才送过来的，你们真是太差劲了。

坐席：秦女士，真的抱歉，这单物流受到元旦物流积压的影响，配送超时，给您造成不便了。请问您现在需要我们怎么帮您呢？

客户：我要退货，这个尿不湿来的时候外包装都破损了，没法用了。

坐席：好的，秦女士，我帮您登记一下，请问您当时收到货品的时候是否检查了外包装问题呢？如果当时发现问题是可以拒收的。

客户：我们天天上班哪有那么多时间啊，你说的真的太可笑了，当时没顾上看，直接签收了，用的时候才发现里面都脏了。

坐席：好的，秦女士，我记下您的情况了，您看这样可以吗？您现在可以在线申请退货，选择物流上门收货，我们这边收到退货后给您办理全额退款。

客户：好吧，不过退货的运费怎么办呢？你们的问题不能让我承担吧。

坐席：您放心，退货产生的退货费我们这边会以平台红包的方式返还给您，不会让您承担的。

客户：好吧，好吧，你们可真耽误事。

坐席：实在抱歉，秦女士，萌芽愿为所有中国妈妈提供安心可靠的母婴产品，今后我们会加强对商品物流信息的监管，避免再出现这样的问题，也感谢您选择萌芽，信任我们。

客户：行吧行吧，那我先去退货吧。

坐席：好的，感谢秦女士的理解，请问还有什么可以帮您的吗？

客户：没有了，谢谢你。

坐席：不客气，再次感谢您选择萌芽，祝您生活愉快，再见！

任务实施

1. 组织团队并进行小组分工，填写表6-4。

表 6-4　小组工作计划表

班级		组别		指导老师	
组长		学号			
组员及分工	姓名	学号		分工	

2. 在小组内分组进行讨论，分析客户性格类型，填写表 6-5。

表 6-5　组员成果分析表

客户性格类型	该类性格类型的特点	该类型的沟通切入点

3. 请根据案例内容，重新组织话术，并进行组内研讨。

4. 请根据客户投诉案例，制订一个客户投诉回访计划，并写下回访话术。

5. 组内角色扮演，表演对话，进行录音，通过组内评价，推选出本组的最终代表，填写表6-6。

表6-6 组员话术评价表

组别								
项目	评分项	分值	组员1	组员2	组员3	组员4	组员5
客户识别	正确认识客户	5					
	正确判断投诉客户类型	5					
	分析客户投诉原因	5					
	正确理解客户投诉意图	5					
投诉处理	倾听诉求	5					
	平息怨气	5					
	使用同理心认同感受	5					
	及时道歉及致谢	5					
	主动承担责任	5					
	提问挖掘需求	5					
	提供解决方案	5					
	承诺客户处理时限	5					
	补偿客户	5					

（续）

项目	评分项	分值	组员1	组员2	组员3	组员4	组员5
沟通技巧	正确的吐字发音	5					
	规范服务用语	5					
	良好的服务意识	5					
	有效的沟通	5					
其他考评	微笑服务	5					
	维护企业形象	5					
	整体服务态度	5					
合计		100					

评价反馈

每个学生的成绩评定将按学生自评、小组互评和教师评价三阶段进行，并按自评占20%、小组互评占30%和教师评价占50%作为每个学生的综合评定结果。

1. 学生进行自我评价，并将结果填入表6-7。

表6-7　学生自评表

班级：_____　　　姓名：_____　　　学号：_____

评价项目	评价标准	分值	得分
任务是否按计划时间完成	能够在课程中按时完成任务要求，超时不计分	10	
相关理论完成情况	能够掌握相关理论知识	20	
技能训练情况	能够与组员配合完成技能练习	20	
任务完成情况	能够完成组长分配的工作	20	
任务创新情况	能够在过程中不断完善和创新	10	
材料上交情况	能够准时提交相关任务材料	10	
收获		10	
合计		100	

2. 学生以小组为单位，对组员编写话术的过程及结果进行互评，将互评结果填入表 6-8。

表 6-8　小组互评表

学生姓名		组别		点评学生	
项目	评分项	分值	得分	评价	
客户识别	正确认识客户	5			
	正确判断投诉客户类型	5			
	分析客户投诉原因	5			
	正确理解客户投诉意图	5			
投诉处理	倾听诉求	5			
	平息怨气	5			
	使用同理心认同感受	5			
	及时道歉及致谢	5			
	主动承担责任	5			
	提问挖掘需求	5			
	提供解决方案	5			
	承诺客户处理时限	5			
	补偿客户	5			
沟通技巧	正确的吐字发音	5			
	规范服务用语	5			
	良好的服务意识	5			
	有效的沟通	5			
其他考评	微笑服务	5			
	维护企业形象	5			
	整体服务态度	5			
合计		100			

3. 教师对学生工作过程与工作结果进行评价，并将结果填入表6-9中。

表6-9 教师评价表

学生姓名		组别		
项目	评分项	分值	得分	评价
客户识别	正确认识客户	5		
	正确判断投诉客户类型	5		
	分析客户投诉原因	5		
	正确理解客户投诉意图	5		
投诉处理	倾听诉求	5		
	平息怨气	5		
	使用同理心认同感受	5		
	及时道歉及致谢	5		
	主动承担责任	5		
	提问挖掘需求	5		
	提供解决方案	5		
	承诺客户处理时限	5		
	补偿客户	5		
沟通技巧	正确的吐字发音	5		
	规范服务用语	5		
	良好的服务意识	5		
	有效的沟通	5		
其他考评	微笑服务	5		
	维护企业形象	5		
	整体服务态度	5		
合计		100		

学习任务6 正确处理客户投诉

> **拓展思考**
>
> 1）如何对投诉的效果进行跟踪与管理？
> 2）如何积极面对暴躁型客户？

拓展学习

一、正确认识客户投诉

客户投诉是一种行业现象，投诉并不可怕，对待客户的投诉要有正确的态度，积极地与客户进行沟通，正确处理好客户诉求，这对企业而言具有重要的价值和意义。

当客户购买商品（服务）时，对商品本身和企业的服务都抱有良好的愿望和期望值，如果这些愿望和需求得不到满足，感到失望或被欺骗，就会产生心理不平衡的感觉，由此产生抱怨，想"讨个说法"。

投诉往往是把双刃剑，处理得好，可以挽留客户，甚至可以增加客户的忠诚度和美誉感；但处理得不好，在失去客户的同时也将失去良好的形象和声望。投诉往往暴露呼叫中心在运营、管理中的一些缺点，是发现自身问题、挖掘客户需求的好时机。妥善处理投诉，不仅是呼叫中心的职责，更是呼叫中心的机会。

不管是客户抱怨，还是客户投诉，我们都要以正确的心态面对，积极处理问题，化危机为转机。客户投诉的好处如图6-1所示。

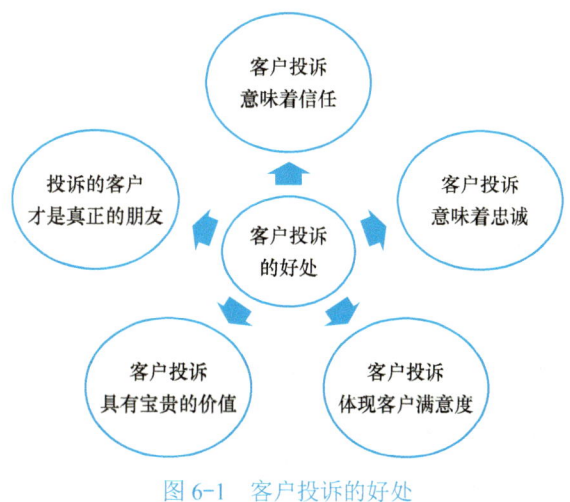

图6-1 客户投诉的好处

(1) 客户投诉意味着信任

投诉是客户对企业的品牌信赖度和期待度的表征。客户只有信赖品牌能为自己带来更好的感受、信赖企业有能力提供更好的服务质量时，才会进行投诉。而客户的信赖度越高，期望值越大，也就越不容易化解因失望而带来的不满或愤怒，于是，就导致投诉的产生。从某种角度来说，客户愿意投诉是一件好事。因此，作为呼叫中心客服代表，首先应该正确认识客户的投诉，因为这是增加客户信任度的最佳时机。

(2) 客户投诉意味着忠诚

即使没有客户的投诉，也不要认为没有不满意的客户，这也可能表示，客户认为与其投诉，不如离开，减少和该公司打交道的次数。若客户问题得到圆满解决，其忠诚度会比从来没有抱怨的客户高。企业解决问题的友好态度，会让客户有信赖感，为未来的合作奠定基础。客户不满意，但仍会继续购买或使用商品的客户数量有多少？看看麦肯锡公司的统计数字，不满意客户继续购买商品数量表见表6-10。

表6-10 不满意客户继续购买商品数量表

不满意客户的类型	继续购买企业商品的客户数量
不投诉的客户	9%
投诉但未得到解决的客户	19%
投诉得到解决的客户	54%
投诉得到迅速解决的客户	82%

可见获得客户的抱怨是至关重要的。与客户关系走下坡路的一个信号就是客户不抱怨了。没有人是永远满意的，尤其是一段时间后，客户要不是有话直说，要不就是再也联系不到了。

(3) 客户投诉体现客户满意度

客户满意度的一个检测指标是客户的期望值和服务感知之间的差距。客户满意度的另外一个检测指标是服务质量的五大要素：有形度、同理度、专业度、反映度和信赖度。而客户投诉在很多时候是基于服务质量的五大要素进行的。因此，对客户投诉进行分类，很多投诉都可以归入这五大要素中。所以，当客户进行投诉时，企业就能检测到客户的满意度。

（4）客户投诉具有宝贵的价值

投诉是一种宝贵的信息资源，是企业开发新产品、开拓新市场的好契机。随着市场竞争的日益激烈，越来越多的企业认识到建立和维系良好的客户关系的重要性。然而，即使最优秀的企业也不可能保证其产品或服务尽善尽美，出现客户投诉是难免的。重要的是要正确认识客户的投诉，并善于从中发现商机，进而将客户的投诉转变为企业收益。客户投诉可以使企业及时发现并修正产品服务中的不足或失误，开创新的商机。

客户投诉可使企业获得再次赢得客户的机会。投诉的客户一方面要寻求公平的解决方案，另一方面也说明他们并没有对企业失去信心。只要处理得当，客户对企业的信任度还会大大增加。因此，企业应重视建立和维护对客户的忠诚度，力求与客户建立并维持长期的关系，从这个意义上讲，企业不应惧怕客户投诉，而应该欢迎客户投诉。

客户投诉可为企业提供建立和巩固良好企业形象的素材。客户投诉如果能够得到圆满解决，客户的满意度就会大幅度提高，他们就会不自觉地充当企业的宣传员。客户的正面宣传，有助于企业在社会公众中树立起客户至上的良好形象。

客户投诉能及时发现问题并留住客户。有一些客户投诉，实际上并不是抱怨产品或者服务的缺点，而只是向客服代表讲述对企业的产品和服务的一种期望或是提出了他们真正需要的是一种什么样的产品，这样的投诉会给企业提供一个发展的机遇。事实上，客户的投诉对企业来讲是一种资源。并非所有不满意的客户都会投诉，如果所有客户都不投诉，我们就失去了一条获得宝贵的信息渠道。

（5）投诉的客户才是真正的朋友

遭遇客户投诉当然不是一件愉快的事情。当遭遇客户投诉时，很多客服代表都以敌对的态度看待客户的投诉，把客户当成眼不见心不烦的敌人。有的客服代表在想：客户在找碴、客户想从我这里得到点好处、客户太笨了、为什么不看使用说明书、说过很多遍了、为什么还是不懂、完蛋了，这个月的奖金又要泡汤了、烦死了，又不是什么大不了的事、这不归我管……很多企业的客服代表也把客户投诉当成一个"烫手山芋"，有的客服代表在想：希望最好不要发生客户投诉，如果发生了，最好不是我处理，如果我处理，最好不是我的责任，他们也把投诉的客户当敌人。如果没有投诉客户的存在，企业将不知道自己的产品是否存在问题，也不知道如何去改进自己的产品。因此，投诉的客户应该受到企业的重视和尊重，应该得到企业的感谢，投诉的客户才是企业真正的朋友。

二、了解引发客户投诉的原因

（1）客户对企业产品或服务质量不满意

企业提供的产品或服务没有达到质量标准、品种不齐全、功能欠缺、给客户提供了错误的信息或者没有按照客户的要求提供产品或服务等情况都会引发客户不满而导致投诉。大多数客户投诉都是因为质量原因引起的。尽管客户能够理解商品不可能完美无缺或满足每个人的需求，但是他们还是会因为这个原因投诉。

情境1：客户对手机质量不满意

客服：张先生，您好，欢迎致电华唐客服中心，请问有什么可以帮您？

客户：你们这个手机质量不行，经常通话中出现掉话、听不到声音、声音不清晰的情况，你们要给全额退款。

客服：张先生，对于您遇到的情况我感到很抱歉，但是我们也接到其他的客户出现过此类问题，很多情况下并不是手机本身的问题，信号的强度也会影响使用。

客户：在同一区域，为啥别人手机有信号，我手机没有信号啊。这还不能说明是你们手机问题吗？

客服：张先生，我理解您的意思，您若确定不是网络问题，是手机问题，您可以把手机送到华唐售后进行检测，我们的服务人员会给您一个满意的答复，好吗？

客户：什么答复，我坚持要退货。

客服：张先生，在没有确定手机质量问题之前，很抱歉我不能给您一个能退货的保障。若检测是我们手机问题，我们会全额退款。建议您先去售后看看。

客户：你们售后在哪？

客服：实验小学旁华唐专营店。

客户：好的，我去检测下。

客服：感谢您的来电，再见！

（2）客户对客服代表的服务不满意

这是指客服代表采取的方式、态度不当或业务能力不足等引发的客户投诉。具体表现如下：

①呼叫中心客服代表服务方式或服务态度欠佳。例如，客服代表缺乏沟通能力，没有热情的服务态度及礼貌用语，说话不够婉转，口气生硬；客服代表不顾客户的需求和爱好，一味地介绍产品或服务，引起客户的反感；客服代表对客户的承诺没有兑现，且找出种种原因搪塞客户；客服代表接听电话时与周围同事交谈或继续处理手中其他事务，对客户投诉内容没有认真倾听，与客户沟通太随意使客户感觉不被尊重和重视，在心理上产生逆反情绪；当客户提出异议或相反意见时，不能虚心接受、耐心解释，而是草草结束，挂断电话；发现或感觉客户不是目标客户时，语气立刻变得冷淡，甚至带有蔑视、歧视的语气；当客户说出产品在使用过程中出现的某些问题时，客服代表认为根本不可能，使客户感觉不被认可和信任；客服代表对工作互相推诿，推卸责任，甚至相互攻击，使企业的声誉受损并引起客户的不满。

②呼叫中心客服代表业务能力不足。客服代表对产品的有关知识或特性不熟悉，无法应对客户的询问，无法消除客户的疑虑，甚至因办理业务出错给客户带来损失。

（3）客户自己的原因

这是指客户期望值过高、客户对企业的产品或服务缺乏了解并产生误会、客户产品使用不当、客户当下心情不好、客户过度维权甚至骚扰等情况引发的客户投诉。客服代表对于这样的投诉应该表现出大度，尽可能的耐心一点，向客户进行解释帮助客户解决实际问题，这样非常有利于增强客户的忠诚度。

情境2：客户对产品缺乏了解

客服： 您好，华唐易购客户服务中心，0021号很高兴为您服务。

客户： 我前几天在你们网店买了一台联想的电脑，因为我觉得联想的质量和售后都不错。但是我今天在用的时候偶然发现，那个光驱有点问题。好像不是联想的，你们华唐易购是不是把假冒的组装的联想电脑卖给我了？我现在要求你们派人过来把电脑拿走并且全额退款给我，否则我会向国家质监部门投诉。

客服： 女士，非常感谢您对华唐易购的信任以及对联想品牌的选择，我很理解您对品牌的要求。的确，联想的光驱不是联想生产的，不仅联想，整个电脑行业都是采用产品配件由合作厂家生产，最终组合成自有品牌产品的方式进行操作，IBM/DELL 电脑都是这样的。这就像一家著名的餐馆，它向顾客提供的饭菜是很有自家的特色，其中所使用的原料不一定是自产的，但这并不影响餐馆的品牌和菜的质量，您说是吗？

客户：那这个光驱质量怎么样？

客服：这点您可以尽管放心，光驱的厂家是联想精选的，质量的可靠性完全符合联想标准，请您尽管放心，我们会对此负责。

客户：哦，那就好，那我就放心了，谢谢你哈。

客服：不客气，应该的。请问还有需要帮助的吗？

客户：哦，没有了，谢谢。

客服：感谢致电华唐易购，祝您生活愉快，再见！

客户：再见。

三、正确分析客户投诉心理

客户投诉的心理主要分为期待解决问题、渴望得到尊重、希望得到补偿和发泄不满情绪四种类型。

（1）期待解决问题

如果客户期待问题能尽快解决，这意味着客户心理还没有达到信任危机的状态，只要相关部门密切配合，在客户可以容忍的时限内解决了问题，那么客户的满意度和忠诚度就不会受到影响。

（2）渴望得到尊重

客户总希望他的投诉是对的，是有道理的，他们最希望得到的是同情、尊重和重视，处理投诉的客服代表及时向其表示歉意，承诺进一步追查，并感谢客户的建议和支持，是化解客户因为自尊心受损导致不满的有效途径。

客服代表在处理渴望得到尊重型客户投诉时，如果能有效地维护客户的尊严，使其受到礼遇，挽回客户的面子和尊严，那么危机就会变成机遇，就是将可能流失的客户变成了忠实的客户。因此，用积极、乐观的心态看待客户所要的理想结果，解决投诉的过程就会顺畅得多。

（3）希望得到补偿

由于各方面的原因，企业提供给客户的产品或服务没能达到客户的预期，并给客户造成物质上或精神上的不同程度的伤害，许多客户会通过投诉来寻求相应补偿。

任何企业都不可能确保自身产品和服务不发生任何差错。对客户服务代表来说，一旦差错出现，就意味着服务失败。一般来说，客户希望得到适当补偿的心理越急切，而又无法得到补偿时，其投诉升级的可能性就越高。投诉升级后，客户满意度和忠诚度都会严重下降，而且导致客户离开的可能性也极大。因此，从一开始就把为什么没有补偿、在任何情况下可以得到补偿、怎么补偿等问题向客户解释明白，远比处理投诉升级更快捷、有效。

客服代表在处理希望得到补偿型客户投诉时，如果是客服代表授权范围内可以给予的补偿，就应立即给予实施，以安抚客户。如果是超出客服代表授权范围的补偿或者需要进一步确认的问题，那么应对客户表示呼叫中心会尽快地为他解决问题，并会及时与他联系，也欢迎和感谢客户主动沟通。

（4）发泄不满情绪

客户在带着怒气和抱怨进行投诉时，有可能只是为了发泄不满情绪，让郁闷或不快的心情得到释放和缓解，来维持心理上的平衡。直接发泄不满意的情况多于重复投诉。

客服代表在处理发泄不满情绪型客户投诉时，首先要鼓励客户发泄，因为客户只有在发泄完，才会认真听客服代表说话。在客户发泄的过程中，客服代表需要细心聆听，发现对解决问题有效的信息。也许此时客户表达得更多的是自己的感受和观点，但同样对解决问题有一定的参考价值。另外，客服代表还需要控制自己的脾气。客户此时发泄，并不是针对谁，只是想一吐心中的不快，所以，客服代表千万不要一时控制不住自己，产生同客户的对抗情绪。

四、处理客户投诉应遵循的原则

客服代表每天要处理大量不同的投诉，不可能有一套"万能"的处理方法，而是要根据投诉情形随时应变，并在处理过程中遵循以下四个原则：客户理念是前提、迅速处理是根本、换位思考是关键、优质服务有底线。

（1）客户理念是前提

客户理念一是对客户投诉的行为给予充分的肯定，二是尽可能满足客户的要求。从企业长远发展来看，"客户永远是对的"这一理念并不是对客服代表的苛求。

（2）迅速处理是根本。

不管客户投诉的原因是什么，处理人员能够及时帮助客户找办法解决，一定程度上都能够缓解客户愤怒的情绪。处理人员要及时地响应客户提出的投诉问题，并且根据自己专业的判断，给客户建设性的解决方案，尽量为客户亲自解决问题，马上行动并告知最后期限。

（3）换位思考是关键

在投诉处理的过程中，我们要学会换位思考，换位思考客户投诉的原因、投诉的目的等。只有站在客户的立场上将心比心，对客户的投诉进行实事求是的判断，真正地了解客户的情绪，不加入个人情绪和好恶，才能让客户更信任我们，同时也要适当引导客户站在我们的角度替我们着想，包括自己的工作职责、处理的权限等，以便协商处理问题，最终达成一致。

（4）优质服务有底线

在投诉处理的过程中，客户会提出各种各样的要求，处理人员在尽量确保客户满意的情况下，也要保持服务的底线。对于投诉的客户提出的合理的要求，在权限范围内能够处理好的，就尽快处理，如果超出自己的权限范围，也要立即上报，告诉客户处理事情的期限，让客户满意而归。对于客户提出来不合理的要求，客服代表既要保持良好的风度，又要有严正的态度，让客户同时了解企业的处理原则和责任范围，尽量通过自己专业的引导，让客户放弃不合理的要求。

五、客户投诉处理步骤

（1）从倾听开始，平息客户怨气

倾听是解决问题的前提。在倾听投诉客户的时候，不但要听他表达的内容，还要注意他的语调与音量，这有助于你了解客户语言背后的内在情绪。同时，要通过解释与澄清确保你真正明白了客户的问题。

客户在投诉时，多带有强烈的感情色彩，并且具有发泄性质，因此要平息怨气。在客户盛怒的情况下，安抚客户，采取低姿态，承认错误，平息怒气，让客户在理智的情况下，分析解决问题。

在客户发泄情绪的过程中，客服代表需要细心聆听，发现对解决问题有效的信息。也许此时客户更多表达的是自己的感受和观点，但同样对解决问题有一定的参考价值。另外，客服代表还需要控制自己的情绪。客户此时发泄，并不是针对谁，只是想一吐心中的不快，所以，客服代表千万不要一时控制不住自己，心里产生同客户的对抗情绪。

最后，还要注意语言的使用。

恰当的表达方式包括：

- ☑ "我理解您的感受！"
- ☑ "我明白您的意思！"
- ☑ "是的，谁遇到这种情况都不会开心。"

避免使用的表达方式包括：

- ☒ "你可能不明白……"
- ☒ "你肯定弄混了……"
- ☒ "你应该……"
- ☒ "我们不会……我们从没……我们不可能……"
- ☒ "你弄错了……"
- ☒ "这是不可能的……"
- ☒ "你别激动……"
- ☒ "你不要叫……"
- ☒ "你平静一点……"

（2）认同客户感受，道歉及感谢客户

客户在投诉时会表现出烦恼、失望、泄气和发怒等各种情感。客服代表不应当把这些表现当作是对你个人的不满。特别是当客户发怒时，你可能心里会想："凭什么对着我发火？我的态度这么好。"要知道愤怒的情感通常都会潜意识中通过一个载体来发泄。因此，对于愤怒的客户而言，他仅是把你当成了倾诉对象。

客户的不稳定情绪应得到重视和迅速、合理的解决。所以，让客户知道你非常理解他的心情，关心他的问题。

"王先生，对不起，让您感到不愉快了，我非常理解您此时的感受。"

无论客户是否是对的,至少在客户的世界里,他的情绪与要求是真实的,我们只有与客户的世界同步,才有可能真正了解他的需求,找到最合适的方式与他交流,从而为投诉的处理成功奠定基础。

有些人认为向客户道歉,会使自己的企业蒙羞,令自己承担责任。事实上,这种想法是不合逻辑的。客服代表的道歉表明了公司对客户的诚意,使客户感到自身的价值和重要性,这只会让客户更加认同该企业。接待的人可能不是导致客户投诉的人,但即便如此,也应该道歉,因为这个客户由你接待,而你代表着公司的整体形象。不要在客户面前责备其他同事,或为自己找借口,客户需要的是解决问题,错误在谁并不会让他有多大兴趣,并且这是在客户面前损害企业形象。找借口或者责备其他同事可能会令客户产生被推诿的感觉。道歉不是认错,道歉是让客户知道,企业对他的遭遇表示遗憾,企业很在意他的烦恼,并且会想办法尽快改正。

与此同时,要向客户致谢。感谢客户提出了有利于企业在管理或服务方面需要改善的问题。客户的位置发生了变化,不单是一个企业产品、服务的使用者,同时也是监督者。客户会满意这种变化,怒火会相应降低。可用这样的话表示感谢:"很抱歉我们让你感到失望了""抱歉给您带来了不便""你的话提醒了我们……谢谢您对我们的支持!"

(3)提问,探寻客户问题所在

了解问题所在,听过了客户的抱怨,表示了歉意和感谢,但这只不过是给了客户一个空的礼品盒,真正的问题还没有得到解决。这时,就需要通过提问进一步明确客户投诉的原因,解决客户的问题。尽管客户在发泄阶段说了很多话,但可能会忽略一些重要的信息,他们以为那不重要,或者忘了说出来,而这也许正是问题解决的关键。因此,通过提问可以收集到更完整的信息,了解客户真实的需要,正确并且迅速地解决问题。

除了可以收集到更多的信息外,提问还可以使客户跟着客服代表的思路走,避免漫无边际的抱怨。有的客服代表担心提问会打断客户的话,给客户压力。其实,如果不通过提问收集足够的、准确的信息的话,那么最终给出的解决办法很可能是错误的,如果那样,后果会更严重。另外,人们不同的理解能力常让事情出现多个的结果。同时,还要做好记录,便于思考和保存。

学习任务6　正确处理客户投诉

（4）承担责任，表示愿意提供帮助

在明确了客户的问题之后，很显然，下一步要做的就是拿出一个双方均可接受的问题解决方案。注意，解决方案中绝对不能包含不在自己权限范围之内或者公司不允许的内容，避免最后承诺无法兑现时客户更加愤怒，客户很可能再也不回来了。

当客服代表的服务态度或服务技巧欠佳时也会引起客户的投诉，此时客户需要的也许仅仅是道歉。当错误确实无法通过退换货进行改正，或无法通过道歉进行弥补时，就要给予客户一定的补偿性关照。包括：送赠品，例如，礼物、商品或服务；公司承担额外的成本，例如，送货费用；个人交往，表示歉意和关心；打折。补偿性关照是在感情上给予客户一定的安抚和补偿，但是它不能替代服务。所以接下来，我们要表示愿意提供帮助。

"让我看一下该如何帮助您？"

"我很愿意为您解决问题。"

正如前面所说，当客户正在关注问题的解决时，我们体贴地表示乐于提供帮助，自然会让客户感到安全、有保障，从而进一步消除客户与客服代表的对立情绪，取而代之的是信任感。

问题澄清了，客户的对立情绪减少了，我们接下来要做的就是为客户提供解决方案。

（5）解决问题，让客户参与意见

针对客户投诉，每个公司都应有各种预案或解决方案。我们在提供解决方案时要注意以下几点。

1）为客户提供选择。通常一个问题的解决方案并不是唯一的，尽量多地给客户提供选择会让客户感到受尊重，同时，客户选择的解决方案在实施的时候也会得到来自客户方的更多认可和配合。

2）诚实地向客户承诺。能够及时解决客户的问题当然最好，但有些问题可能比较复杂或特殊，我们不确信该如何为客户解决。如果你不确信，千万牢记不要向客户做任何承诺，而应诚实地告诉客户情况有点特别，你会尽力帮客户寻找解决的方法，但确实需要一点时间。然后约定给客户回话的时间，你一定要确保准时给客户回话。即使到时你仍不能帮客户解决，也要在承诺客户的时间范围之内打电话向客户解释问题解决进展，表明自己所做的努力，并再次约定给客户答复的时间。

同向客户承诺你做不到的事相比，你的诚实会更容易得到客户的尊重。

尽管从客服代表专业的角度提供了相应的解决方案，但是可能客户还是不满意、不接受，这时最好征询客户的意见。"您希望我们怎么做？"这样客户会感到了尊重。但是，客户的要求可能会出乎客服代表的意料或者无法满足，或者问题是由客户造成的，又该怎么办呢？当不满的客户提出要求时，首先尽量满足他们的要求，人们对于自己得不到的东西，可能会很失望，有挫折感或者不安，甚至不满。而客服代表不计对错地满足客户的需求，就会发现客户的不满会减少，满意会增加。

要知道，开发一位新客户的成本是维护一位老客户成本的 5～8 倍！也许有的客服代表会认为这种方式会助长客户的占便宜心理。其实客户大都是理智的，不会为了占便宜而要求退钱或者换货。况且，从满意客户口中传播出去的免费广告给企业带来的利润，会远远胜于一小部分别有用心的客户造成的微小的损失。

作为普通客服代表，有时可能没有足够大的权限去满足客户的要求，这时应快速找到一个有权限处理的人。如果客户的要求超出公司规定的范围，可以考虑向他道歉，并表明自己的确是想帮他，客户在这种诚意之下，也许就会放弃自己的固执；也可以向客户提供其他选择，把客户的注意力转移到另一处。

真正优秀的客服代表是通过两步来做：第一步是先了解客户想要的解决方案，主动提出"您觉得这件事情怎么处理比较好？"；第二步是提出自己的解决方案，迅速对客户投诉的问题进行有效而具有针对性的解决。

（6）适当地给客户一些补偿，跟踪服务

为了弥补公司操作中的一些失误，可以在解决客户问题之外给一些额外补偿。但要注意的是：一是一定要先将问题解决，二是改进工作要避免今后发生类似的问题。现在有些处理投诉部门，一有投诉首先想到用小恩小惠去息事宁人，或是一定要靠投诉才能给通过正常途径下应该得到的客户利益，这样不仅不能从根本上减少问题的发生，反而造成了错误的期望。

在某些品牌公司的售后服务中，当客户买了他们的产品之后，他们会在之后的几天里给客户打一个电话，询问客户对产品的使用情况，客户对此举一般是认可的。即使在没有出现问题的情况下都需要跟踪客户的感受，那么在客户投诉之后，就更需要跟踪客户的感受了。跟踪服务的形式有打电话、发电子邮件或者发信函。通过跟踪服务，向客户了解解决方案是否得到执行，是否有用，是否还有其他问题，是否满意。

如果客服代表与客户联系后发现他（她）对解决方案不满意，就需要继续寻求一个更可行的解决方案。在对客户的跟踪服务中，无论是打电话，还是发邮件和信件，都应遵循一定的要求。

跟踪服务可以强调公司对客户的诚意，打动客户和给客户留下深刻印象，所以，要善于运用跟踪服务，而不仅仅是在客户投诉之后。

六、客户投诉处理方法

每一位呼叫中心客服代表都有自己独特的处理抱怨的方法，不同的方法适用于不同的客户、产品和场合。客服代表只有了解、掌握并灵活运用多种消除抱怨的方法，才能在处理客户投诉过程中得心应手。一般来说，处理客户投诉的方法主要有以下几种，如图 6-2 所示。

投诉处理方法

| 倾听抑怒法 | "同理心"法 | 澄清问题法 | 虚心接受法 | 婉言拒绝法 | 赞美感谢法 | 重点转移法 | 勇敢面对法 |

图 6-2　投诉处理方法

（1）倾听抑怒法

通常，投诉的客户情绪大都非常激动，会带着怒气并且语气极不友好。这时客服代表应首先耐心、安静地倾听客户的投诉，哪怕客户的态度及语言十分恶劣，也要等待客户倾诉完怨气，然后引导其讲出事情的整个过程，同时还要在倾听的过程中适时表示理解和赞同，以抑制和平息客户的怒气，最后找出客户投诉的根本原因并对症下药，解决问题。这种方法的关键是：一听，二点头，三处理。一听，即认真耐心地倾听客户的投诉；二点头，即表示对客户投诉的充分理解；三处理，即尽快找出解决的办法，或给客户明确有效的承诺，最终使客户满意。

这种方法适用于所有客户投诉，特别是对于那些打进电话只是情绪上不满而没有实质问题需要解决的客户，积极配合并耐心倾听客户投诉是非常重要的，这也是客服代表解决客户投诉的第一步。

（2）"同理心"法

所谓的"同理心"就是通常所说的换位思考。"同理心"不仅限于感受对方的痛苦，还要运用"同理心"理解对方的想法，如果能真正站在对方立场想问题，事情就会容易解决很多。作为一名客服代表，应该以客户为中心，多为客户着想，恰当地运用"同理心"不仅可以使客户感觉得到了尊重和重视，而且可以在解决问题中得到客户的谅解和支持。

这种方法适用于某种原因造成问题迟迟得不到解决而导致的客户投诉，通常此类客户明白事理，只求尽快解决问题即可。

（3）澄清问题法

如果客服代表在倾听客户投诉时发现是由于某些误解所致，应在客户陈述事情之后让客户明白问题所在，一旦客户认可矛盾是由于误解造成的，问题也就迎刃而解了。采用这种方法的关键，一是切记不要着急辩解问题责任不在自己一方，否则就会弄巧成拙，不但解决不了问题，还会使矛盾加深；二是要求客服代表有丰富的经验，在与客户的沟通中及时判断问题是否由于双方误解造成的，特别当发现是由客户单方面原因造成的误解时，要适时、巧妙地告知客户，不能生硬地驳斥，而应旁敲侧击，做到既不让客户尴尬，又让客户逐渐明白自己投诉的问题不符合实际情况。

这种方法适用于由于某种误解导致的客户投诉，通常此类客户性格外向、脾气急躁，时常打断别人，很难听人把话说完，具有很强的独断意识。客服代表在用此法时应心平气和，即使客户抱怨明显缺乏事实根据，也不能当面驳斥，而应旁敲侧击、启发和暗示。

（4）虚心接受法

任何人都不可能永远是正确的，有错误是很正常的，问题是发现了错误如何正确对待。如果企业的产品或服务的确存在问题或缺陷，不能令客户满意，就应该承认错误，争取客户的谅解，并尽快制订解决方案加以改进，决不能推卸责任或寻找借口，更不能找一些堂而皇之的理由来搪塞客户。

这种方法适用于由于企业内部自身原因造成的客户投诉，通常此类客户具有较高的专业知识和法律意识，所提问题有理有据，自我保护意识很强。

（5）婉言拒绝法

婉言拒绝是指用很婉转的话语拒绝对方的请求、意见，又不使对方感到难堪和不快。任何规章制度的制定和实施都是从大多数人的利益出发的，不可能涵盖所有人的意愿。对别人不切实际的想法或要求，要给予足够的理解和明确的否定，因为他们的想法或要求有很大的局限性和不可操作性，或者根本就是错误的、无理的，所以要明确表示回绝。但切记态度要诚恳，语气要委婉，在表示理解的同时给予否定。

（6）赞美感谢法

这种方法适用于因为产品或服务存在不足导致客户提出新的合理化要求或建议的投诉，此类客户往往文化知识水平较高，了解行业发展的最新状况，所提建议有很强的可操作性和可比性，很关注所提方案是否可行以及是否被认可。这种客户常以同行业人士居多。

（7）重点转移法

所谓重点转移法，是指当客户提出的投诉明显是无事生非或者比较荒谬时，客服代表可以不直接应对客户的问题，而将话题有意转向其他方面，采取避重就轻的方法。这里的"重"是指客户提出的无理的投诉，"轻"是指有意转移的话题。有时客户的投诉是一时兴起、无端生事引起的，这时最好不要直接面对，不直接与客户产生冲突，而是迅速找出适当的话题转移客户的注意力，让客户感到客服代表和自己没有根本分歧，这样不会使矛盾加剧。

需要强调的是，如果客服代表已经采取重点转移的方法解决过客户的投诉，但客户仍就同一问题再次提出投诉，这表明客户并不认为自己的投诉无理或荒谬，这时客服代表应给予足够的重视，采取积极的态度，使用恰当、有效的方法妥善处理问题，使客户满意。

这种方法适用于由于客户自身心情不好、情绪低落引发的投诉。一般此类客户自制力差，受外界影响大，情绪易波动，空闲时间相对较多。

（8）勇敢面对法

来电投诉的客户绝大多数是善意的、友好的，但不排除有些客户粗鲁无理、谩骂蛮横，甚至出言不逊、恶语伤人。针对后一种客户，客服代表应勇敢面对，有礼有节地制止客户过分的语言或者行为，不要与客户计较，更不能因此影响自己的情绪，要保持良好的心态。必要时可运用专业的技巧打断客户说话，从而控制局面。这种方法适用于完全由客户单方面恶意、无聊等因素造成的投诉。

七、针对不同类型客户的投诉处理技巧

（1）理智型、专业型客户

客户表现：

- 有一定的背景，理智，熟悉移动业务，通常会自己披露身份。
- 高傲，难沟通。希望引起重视，得到认可。
- 驳倒你是他最大的需求和满足。
- 需要赞美和满足，看轻您的专业。
- 很会引导，通过各种方式达成自己的目的。

应对方法关键词：赞美、专业、坦诚、能做什么

- 第一步：赞美他，让其感觉到受到重视。尽量迅速高效地解决问题，征询对方的意见：您觉得怎么处理会好一些呢？
- 第二步：坦诚展示您的专业性，但同时不能让其有受挫感。
- 第三步：暗示对方提出的要求比较难以满足。
- 最后：如果对方还是坚持，礼貌重复能做什么，而非不能做什么。

（2）愤怒型客户

客户表现：脾气比较暴躁、易发怒，电话一接通就破口大骂，喋喋不休地抱怨、指责，以此释放和缓解郁闷或不快心情，维持心理上的平衡。

应对方法关键词：深呼吸、耐心友好、适当复述

- 第一步：调整自己的情绪。
- 第二步：尽可能营造愉悦氛围，引导客户情绪，但需要注意客户个性特征并把握

好尺度。

- 第三步：保持专业友好形象，表明解决问题的决心，不随便打断客户说话，耐心倾听。
- 第四步：做好记录，适当地复述客户的情感及事实。

（3）骚扰型客户（极少数）

客户表现：客户预期与从公司得到的结果相差过大，或客户在宣泄情绪过程中受阻或受到新的伤害时，演变成报复心理。致电时问遍所有的问题，故意刁难，长时间不挂线。

应对方法关键词：抓住主动权、赞美、适当提醒

- 第一步：把握电话的控制权，使之想挂电话。
- 第二步：赞美，感谢客户对我公司业务的关注。
- 第三步：在适当的时候提醒客户理性看待问题。
- 第四步：为客户提供其他查询途径，以暗示客户结束电话。
- 第五步：通话中不存在服务质量时，且客户问题已经多次详细解释的情况下，执行流程做好登记报备。

（4）居高临下型客户

客户表现：

- 要求领导来应答。
- 展示自己与领导的特殊关系。
- 对客服代表进行人格侮辱，轻视客服代表。
- 不信任客服代表提出的解决方案。
- 表明自己的特殊身份。

应对方法关键词：主动查询、迅速告知、给台阶下

- 第一步：主动查询来话、工单记录。
- 第二步：不要让客户复述问题。
- 第三步：迅速主动告知客户所反映问题的处理情况。
- 第四步：如客户有不当之处，也要让客户有台阶下，满足客户自尊心。

（5）敏感型客户

客户表现：客户关注业务、关注社会热点、关注自身的权益（个人信息安全等），

存在较大投诉风险。

应对方法关键词：关注热点、灵活运用话术

- 第一步：自身要关注业务更新、社会热点、社会舆论对公司的导向等。
- 第二步：要及时掌握及灵活运用公司最新的应对政策及口径。

（6）啰唆抱怨型客户

客户表现：不断重复问题，反复表达个人的意愿，长时间不挂线。

应对方法关键词：复述问题、集中解答

- 第一步：耐心倾听，并复述问题。
- 第二步：集中逐一解答"请问您的问题是×××，好的，那我现在对这个问题为您进行解答，请您先听听。第一……第二……"。
- 第三步：多次解答后，客户依然纠缠，结束语建议改为"除了这个问题以外，有没有其他补充？"。
- 第四步：通话中不存在服务质量时，且客户问题已经多次详细解释的情况下，执行流程做好登记报备。

八、处理投诉时应有的态度及常用语句

1）耐心聆听，令来电者、沟通客户觉得你是关心其投诉的，并做出相应的反映或以不同的语句重复其主要论点，常用语句：

- ☑ 好的、我明白了。
- ☑ 我明白您的意思。
- ☑ ×××先生/女士，我很明白您现在的心情。
- ☑ 明白了，您的问题我刚详细记录下来了。

2）投诉可能有理，也可能无理，但对方正表现不快时，你应先向对方致歉以平息其怒气，方便事件处理，常用语句：

- ☑ 对不起。
- ☑ 先生/女士，我非常抱歉，还请您原谅。
- ☑ 先生/女士，我听到这件事也觉得非常抱歉，是我们做错了，让您的购买体验出现了瑕疵，对不起。

学习任务 6　正确处理客户投诉

如果错在公司，必须向对方道歉并保证立即采取补救行动，常用语句：

☑ 先生/女士，发生这件事，我觉得十分抱歉，但我会马上尽力补救，尽力帮您解决这个问题。

3）当有需要时，向客户保证不会发生同样错误，常用语句：

希望您能相信我，以后绝不会有类似的事发生，我保证不会有同样事情发生（此时可以告知客户你的工号，或是姓名，让客户增强信心）。

4）让来电者知道你有心帮助他/她，提出各种可能解决问题的办法，常用语句：

×先生/女士，这其实是最好的解决方法，不过如果您认为不方便的话，我建议……您看我们可不可以这样安排……

5）当你必须拒绝对方要求时，应婉转地作出表示，有礼貌地解释其中理由。常用语句：

☑ 先生/女士，真对不起，这件事只可以在……情况下才可以。

☑ 先生/女士，真不好意思，请恕我们无法办到，因为……

☑ 先生/女士，真不好意思，这件事只怕暂时帮不了您，因为……

☑ 先生/女士，多谢您能打电话来，我很乐意向您解释这件事。

☑ 先生/女士，这件事请恕我无法帮忙，希望下次可以办得到。

☑ 先生/女士，您的问题我详细记录了，我会及时反映给相关部门，希望在您下次购买的时候能处理您遇到的同类问题。

6）与顾客沟通完毕之前要有礼貌地表示谢意或歉意，常用语句：

☑ 先生/女士，谢谢您打电话来。

☑ 先生/女士，谢谢您通知我们。

拓展阅读

智能客服不能隔绝服务"温度"

"好的客服，就是好的销售。"作为直接面向消费者的群体，客服的重要性毋庸质疑。然而，当人工智能变得越来越无所不能，一些所谓的"智能客服"却在提醒我们——"人工"是多么的不可替代。很多人都有这种体验：有的"听不懂人话"，总是"已读乱回"；有的"兜圈子"，车轱辘话颠来倒去，一直说不到点子上；有的"冷冰冰",像是没有感情的"复读机"……如此种种,衍生出了不少段子,有网友甚至戏称:"被AI（智能）客服气死只是时间问题。"

《2023中国智能客服市场报告》显示,中国智能客服行业以智能客服软件为主导,约占市场份额的80%。2022年,中国智能客服市场规模达到66.8亿元,预计到2027年,有望增长至181.3亿元。24小时在线、随时随地响应咨询……尽管AI客服的出现能够在一定程度上代替人工回答一些预设的高频问题,但一些使用者发现,某些场景下,AI客服仍存在答非所问、自说自话、模板化明显等问题。

无论技术还是服务,核心都是以人为本。诉求千差万别,仅靠一套代码去回应,既不可能,也不现实。多保留人工通道,多听听消费者的呼声,根据问题的类型、紧急程度等,有针对性地优化规则,让"智能"和"人工"各得其所、各展其长,相信也不是什么难事。推而广之,在智能元素不断上新的时代,这个朴素的道理不仅仅适用于智能客服。

离人心最近的,始终是心。这不是抵触技术与效率,而是呼唤尊重与真诚:少一些工具理性,多一些价值理性;少一些"鸡同鸭讲",多一些情绪价值。智能客服不能隔绝服务"温度"。

学习任务 7

电商网店客户服务

任务描述

在数字化时代，呼叫中心客户服务的面貌正在发生巨大变革。随着科技的不断进步，智能语音管理系统、客服机器人和在线客服系统等新技术正逐步融入我们的日常工作，为客户和企业提供更加高效和便捷的服务体验。

在电子商务领域，客户体验是成功的关键因素之一。消费者在购买商品或服务时，如果遇到问题或疑虑，往往首先会寻求在线客服的帮助。因此，能够提供及时、准确和专业的网店客户服务是保证电商消费者满意度和维持企业良好品牌形象的关键。

随着公司业务的发展，公司接到了某知名手机品牌的客户服务外包业务，其中包含了呼入、呼出和在线客户服务三种服务渠道，在"双十一"大促期间，为线上、线下的客户提供及时高效的服务。

学习目标
- 掌握线上沟通的原则及技巧，提升客服接待水平；
- 能够按照服务规范接待线上客户咨询等；
- 能够准确判断客户的购物需求，运用话术及时引导客户线上购买商品。

工作准备
- 了解网店客服服务岗位职责；
- 掌握电子商务平台的交易规则；
- 熟练使用网店客户服务平台沟通工具。

客户服务沟通能力训练

 获取信息

请搜索网络招聘平台，整理最少3家企业网店客服的岗位职责和任职要求，填写表7-1。

表7-1　网店客服岗位信息收集表

企业名称	招聘岗位	岗位职责	任职要求
××××食品公司	电商客服	1. 负责公司各电商平台线上渠道的客服工作 2. 通过在线沟通，明确客户订购咨询，促成销售订单的完成 3. 及时跟踪、反馈客户的问题，妥善处理，并维护好客户关系 4. 积极向客户介绍店铺、产品相关的优惠活动 5. 为客户提供快速、准确和专业的产品咨询服务和售后服务	1. 男女不限，中专以上学历，有客服工作经验的优先考虑 2. 服从公司管理，好学勤奋，有一定的沟通能力，有较强的责任心和团队精神 3. 打字熟练，普通话流利

引导问题 1：请提炼和整理招聘启事中，关于网店客服人员的沟通能力的要求。

_____

_____

_____

引导问题 2：请列举说明网店客服与电话客服的差异并填写表7-2。

表7-2　网店客服与电话客服差异表

差异点	网店客服	电话客服
接通方式		
沟通方法		

（续）

差异点	网店客服	电话客服
交流效果		
服务技能		
工作效率		

引导问题 3： 请阅读拓展知识，列举 5 个你认为网店客服最重要的基础素质、沟通技巧或业务技能，并在组内讨论说明自己排序的原因，将结果填入表 7-3。

表 7-3　网店客服的基础素质、沟通技巧或业务技能排序结果及原因分析表

排序	基础素质或沟通技巧或业务技能	排序原因
1		
2		
3		
4		
5		

引导问题 4： 请思考在网店客户服务过程中"黄金 10 秒"的意义。

_____

_____

_____

引导问题 5： 请总结在网店客户服务过程中，如何让对方看到你的"微笑"？

_____

_____

_____

💡 **引导问题 6**：请阅读拓展知识，总结遇到如下客户应采用何种沟通方式？

1．遇到对商品缺乏认识的中年女性客户。

2．遇到质疑价格较高的农民伯伯。

3．遇到第一次网购的学生。

4．遇到担心网购产品质量无法保障的白领男客户。

制订计划

组织团队并进行小组分工，填写表 7-4。

表 7-4　小组工作计划表

班级		组别		指导老师	
组长		学号			
组员及分工	姓名	学号		分工	

学习任务 7　电商网店客户服务

任务安排

请根据以下案例资料,判断出客服回答的话术是否恰当,并给出改善措施。

1) 分组实训,每组 2 人,1 位饰客户,1 位饰客服。

2) 每组学员进行对话练习,分析出案例中客服的问题,并改善客服话术。

3) 小组分享,每组按照对应的角色,分享改善结果,并接受指导老师的评价。

案例 1: ×××××化妆品店

客户:这款粉底液是真的吗?我看没有什么人购买呀!

客服:亲,这款粉底液是真的,请放心购买。

说明:该案例客户性别(女),年龄(30 岁),购物心理(质疑商品真伪)

问题分析:＿＿＿＿＿＿＿＿＿＿＿＿＿＿＿＿＿＿＿＿＿＿

改善话术:＿＿＿＿＿＿＿＿＿＿＿＿＿＿＿＿＿＿＿＿＿＿

＿＿＿＿＿＿＿＿＿＿＿＿＿＿＿＿＿＿＿＿＿＿＿＿＿＿＿＿

案例 2: 大学生图书店

客户:老板,我一次性买这么多,再给优惠些吧!可以包邮,对吧?

客服:亲,不好意思,无法包邮,因为书太重了。

客户:我买了这么多都不给包邮啊?

客服:真的太重了,不好意思,请见谅。

说明:该案例客户性别(男),年龄(20 岁),购物心理(求廉)

问题分析:＿＿＿＿＿＿＿＿＿＿＿＿＿＿＿＿＿＿＿＿＿＿

改善话术:＿＿＿＿＿＿＿＿＿＿＿＿＿＿＿＿＿＿＿＿＿＿

＿＿＿＿＿＿＿＿＿＿＿＿＿＿＿＿＿＿＿＿＿＿＿＿＿＿＿＿

案例 3: ××××手机专卖店

客户:这款手机拍照怎么样?

客服:亲,拍照挺好的,下单吧。

说明:该案例客户性别(女),年龄(25 岁),购物心理(求美)

问题分析：_____

改善话术：_____

_____

_____

任务实施

在小组内分组进行讨论，总结案例中客服代表的优劣势，填写表 7-5。

表 7-5　组员成果分析表 1

发言组员	案例分析的内容	改善话术的内容

1. 请根据案例内容，选择其中一个案例，扩写网店客服与客户之间的对话，完成一个完整的售前客户咨询的服务过程。

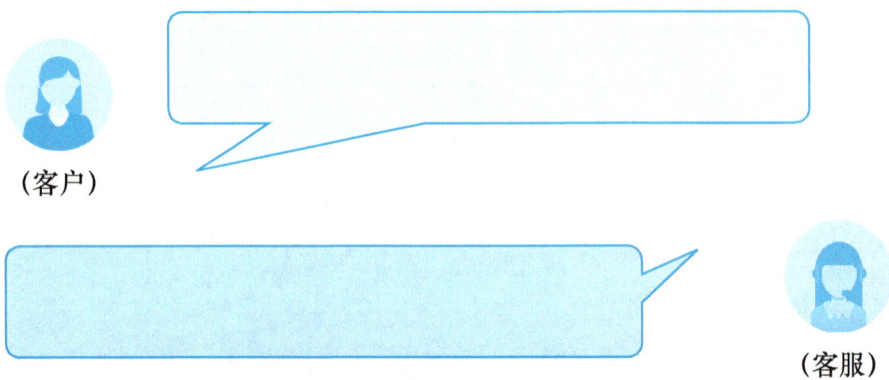

（客户）

（客服）

学习任务7 电商网店客户服务

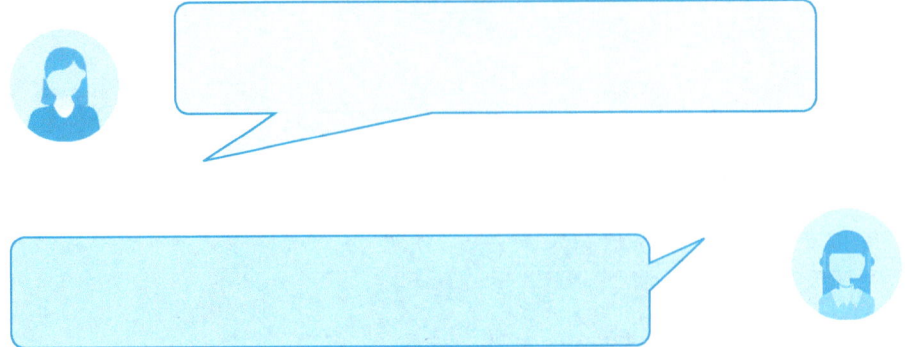

2．通过微信或其他线上聊天工具，模拟案例中的在线服务沟通过程，并在组内分享聊天记录，通过组内评价，推选出本组的最终代表，填写表 7-6 和表 7-7。

表 7-6　组员成果分析表 2

发言组员	需要改进的技巧	没有运用的技巧	需要加强练习的知识点

表 7-7　组员话术评价表

组别							
项目	评分项	分值	组员1	组员2	组员3	组员4	组员5
服务过程标准规范	能够完整热情地表达愿意服务的意愿，规范使用服务用语	10					
	能够按照规范的流程操作能够认真、准确受理业务，操作无差错	10					
	能够能主动帮客户解决问题并有效跟进	5					
产品知识运用合理	能够为用户提供的业务活动及其他的信息内容全面完整	10					
	能够运用产品知识打消顾客疑虑	5					
	能够及时根据顾客的回复判断其心理，并积极解答客户问题	5					

（续）

项目	评分项	分值	组员1	组员2	组员3	组员4	组员5
积极引导客户成交	能够通过主动营销来达到销售目的	5					
	能够根据商品的使用对象、客户的个性特点向客户推荐商品	5					
	能够挖掘顾客的购物需求并积极引导推荐商品	5					
服务指标	服务指标答客比≥110%	10					
	首次响应时间≤10秒	10					
	平均响应时间≤20秒	10					
	回复率=100%	10					
	合计	100					

 评价反馈

每个学生的成绩评定将按学生自评、小组互评和教师评价三阶段进行，并按自评占20%、小组互评占30%和教师评价占50%作为每个学生的综合评定结果。

1. 学生进行自我评价，并将结果填入学生自测表见表7-8。

表7-8 学生自评表

班级：_____　　姓名：_____　　学号：_____

评价项目	评价标准	分值	得分
任务是否按计划时间完成	能够在课程中按时完成任务要求，超时不计分	10	
相关理论完成情况	能够掌握相关理论知识	20	
技能训练情况	能够与组员配合完成技能练习	20	
任务完成情况	能够完成组长分配的工作	20	
任务创新情况	能够在过程中不断完善和创新	10	
材料上交情况	能够准时提交相关任务材料	10	
收获		10	
合计		100	

2．学生以小组为单位，对组员练习的话术进行互评，将互评结果填入学生互评表见表 7-9。

表 7-9　小组互评表

学生姓名		组别		点评学生	
项目	评分项	分值	得分	评价	
接待效率	首次响应时间在 10 秒内	10			
	平均响应速度在 20 秒内	10			
	答复比在 110% 以上	10			
	完成率为 100%	10			
服务用语	正确运用礼貌用语	10			
	正确运用客服话术，用词恰当，表达流畅，无错别字	10			
沟通技巧	准确介绍产品信息	10			
	热情接待客户，恰当地运用"表情"传达善意	10			
	能够洞察客户的购买心理，判断客户类型，选择恰当的沟通方式	10			
	能够及时处理客户异议，包括产品质量、价格异议、售后服务企业信用等	10			
合计		100			

3．教师对学生工作过程与工作结果进行评价，并将结果填入表 7-10。

表 7-10　教师评价表

学生姓名		组别		
项目	评分项	分值	得分	评价
接待效率	首次响应时间在 10 秒内	10		
	平均响应速度在 20 秒内	10		
	答复比在 110% 以上	10		
	完成率为 100%	10		

学习任务7 电商网店客户服务

(续)

项目	评分项	分值	得分	评价
服务用语	正确运用礼貌用语	10		
	正确运用客服话术，用词恰当，表达流畅，无错别字	10		
沟通技巧	准确介绍产品信息	10		
	热情接待客户，恰当地运用"表情"传达善意	10		
	能够洞察客户的购买心理，判断客户类型，选择恰当的沟通方式	10		
	能够及时处理客户异议，包括产品质量、价格异议、售后服务企业信用等	10		
合计		100		

拓展思考

1）网店客服与客户的沟通原则有哪些？
2）应如何提高在线沟通的效率？

拓展学习

一、网店客服岗位职责和工作要求

网店客服是基于互联网的一种客户服务工作，是网络购物发展到一定程度后细分出来的一个工种，对于任何一家企业而言，客户服务都是至关重要的。所以，一名合格的网店客服应具备以下岗位职责及工作能力。

1. 接待客户

每天通过即时聊天工具与客户进行线上沟通，或者通过打电话、发邮件等形式与客户进行直接交流、沟通，帮助客户处理遇到的问题。

2. 销售商品

根据自己掌握的商品知识，结合客户的需求，运用适当的销售技巧，做到成功销售，把对的商品卖给对的人。

3. 解决客户问题

从专业的角度为客户解决交易过程中遇到的各种问题，例如，商品问题、物流问题、支付问题和发票问题等。

4. 后台操作

包括交易管理、商品管理、评价管理、会员关系管理以及举报投诉等相关事宜的备注及操作。

5. 客户信息收集

负责收集客户信息，了解并分析客户需求，为店铺的老客户维护和客户营销提供可靠的客户信息依据。

6. 问题的收集与反馈

对客户提出的有关商品及店铺服务等方面的意见和建议进行收集整理，并反馈给相关部门。定期或不定期地进行客户回访，以检查客户关系维护的情况，建立客户档案，质量跟踪记录等售后服务信息管理，负责发展和维护良好的客户关系。为了更好地完成任务，客服还需要完成一些相关的辅助性工作，包括但不限于学习商品知识、完成工作日报和参加相关培训等。

二、电商客服和传统客服的区别

电商客服和传统的客户服务之间存在显著的差异，这些差异主要表现在以下几个方面。

1. 沟通方式的不同

电话客服是通过电话进行交流，客户可以直接拨打指定的电话号码与客服人员进行对话。这种方式可以实现实时交流，客户可以通过语音表达自己的问题和需求，而客服人员也可以即时回答和解决问题。相比之下，网络在线客服则是通过互联网进行交流，客户可以在公司的网站、移动应用程序或社交媒体平台上与客服人员进行文字或语音交流。网络在线客服通常提供实时聊天窗口或即时通信工具，方便客户和客服人员之间的沟通。

2. 接通方式的不同

电话客服可以通过手机或座机进行拨打热线电话，无需依赖互联网连接，因此在网络信号较弱或无法上网的情况下仍然能够与客服人员进行联系。而网络在线客服则需要客户具备互联网接入的设备，并且需要在网站或应用程序上进行登录或注册，才能与客服人员进行交流。这意味着客户需要有一定的技术基础和设备条件才能使用在线客服服务。

3. 交流效果的不同

电话客服在语音交流中能够更直观地表达情感和语气，客服人员可以通过声音的变化、语速和语调来传递信息和情感，客户也可以根据声音判断客服人员的专业性和真诚度。然而，由于电话没有文字记录，客户可能需要自己记下重要的信息和指示。而网络在线客服通过文字交流，信息可以被记录下来，客户可以方便地查阅历史对话记录，以便后续参考。

4. 服务技能的不同

电话客服在具备良好的沟通技巧的基础上，更注重解决问题的能力和快速应变的灵活性。而电商客服则需要更快的打字速度，能够在在线沟通工具中快速切换，熟练掌握电子商务平台的操作和政策。

5. 工作效率不同

与电话客服的工作方式相比，网店客服提供客户支持的工作效率更高。在电话聊天的方式下，客服人员在同一时间段只能为一个用户提供服务。而且电话客服服务过程是以录音的形式进行保存，进行质检和追溯时，往往需要对录音进行监听分析，比较耗时耗力。网店客服的聊天记录可以即时保存，有利于质检和信息核实时快速查找，质检方式也有更多智能化方式。

三、网店客户服务的基本原则

1. 坚守诚信

网络购物虽然方便快捷，但缺点就是看不到摸不着。客户面对网上商品难免会有疑虑和戒心，所以我们对客户必须用一颗诚挚的心，像对待朋友一样对待客户，包括诚实地解答客户的疑问，诚实地告诉客户商品的优缺点，诚实地向客户推荐适合的商品。

坚守诚信还表现在如果答应客户的要求，就应该切实地履行自己的承诺，哪怕自己吃点亏，也不出尔反尔。

2. 凡事留有余地

在与客户的交流中，不要用"肯定""保证""绝对"等字样，这并不意味着你售出的商品是次品，也不表示你对买家不负责任，而是不让客户有失望的感觉。因为我们每个人在购买商品的时候都会有一种期望，如果你保证不了客户的期望，最后就会变成客户的失望。因此，不要轻易保证。最好用"尽量""争取""努力"等词语，效果会更好。多给客户一点真诚，也给自己留有一点余地。

3. 做个专业卖家，给客户准确的推介

不是所有的客户对你的商品都是了解的和熟悉的。当有的客户对你的商品不了解的时候，在咨询过程中，就需要我们为客户解答，帮助客户找到适合他们的商品。一问三不知，会让客户感觉没有信任感，谁也不会在这样的店里买东西的。

4. 坦诚介绍商品的优点与缺点

在介绍商品的时候，必须要坦诚介绍商品的优点和缺点。虽然商品缺点本来是应该尽量避免触及，但如果因此而造成事后客户抱怨，反而会失去信用，得到差评也就在所难免了。如果客户质疑商品价格高了，就强调商品的质量及保障；如果客户质疑商品的价格过低，就强调薄利多销，性价比高；如果客户质疑商品质量有问题，就多展示客户口碑、以往荣誉案例等打消客户顾虑。

5. 遇到问题，多检讨自己，少责怪对方

遇到问题的时候，先想想自己有什么做得不到位的地方，诚恳地向客户检讨自己的不足，不要上来先指责客户。例如，客户有些内容明明写了，可是客户看不到，这个时候千万不要一味地指责客户没有好好看商品说明，而是应该反省自己没有及时地提醒客户。

6. 表达不同意见时尊重对方立场

当客户表达不同的意见时，要力求体谅和理解客户，表现出"我理解您现在的心情，目前……"或者"我也是这么想的，不过……"来表达，这样客户能觉得你在体会他的想法，能够站在他的角度思考问题，同样，他也会试图站在你的角度来考虑。

7. 保持相同的谈话方式

对于不同的客户，我们应该尽量用和他们相同的谈话方式来交谈。如果对方是个

年轻的妈妈给孩子选商品,我们应该表现站在母亲的立场,考虑孩子的需要,用比较成熟的语气来表述,这样更能得到客户的信赖。如果你自己表现得更像个孩子,客户会对你的推荐表示怀疑。如果你常常使用网络语言,但是有些客户不理解或不喜欢网络语言,会感觉和你有交流的障碍。所以,建议大家在和客户交流的时候,尽量不要使用太多的网络语言。

8. 经常对客户表示感谢

当客户及时地完成付款,或者很痛快地达成交易,我们都应该衷心地对客户表示感谢,谢谢他这么配合我们的工作,谢谢他为我们节约了时间,谢谢他给我们一个愉快的交易过程。

9. 坚持自己的原则

在销售过程中,我们会经常遇到讨价还价的客户,这个时候我们应当坚持自己的原则。如果商家在定价的时候已经决定不再议价,那么我们就应该向要求议价的客户明确表示这个原则。例如,关于邮费,如果客户没有符合包邮条件,但客服给某位客户包邮,虽然钱不多,但违反了原则,后果严重。

1)其他客户会觉得不公平,使店铺失去纪律性。

2)给客户留下经营管理不正规的印象,从而小看你的店铺。

3)给客户留下价格和商品不成正比的感觉,否则为什么你还有包邮的利润空间呢。

4)客户下次来购物还会要求和这次一样的特殊待遇,或进行更多的议价,这样你需要投入更多的时间成本来应对。

四、网店客户服务接待

- 步骤1:欢迎。

当买家有购买意向,向客服问好时,客服应及时做出反应,主动向买家问好,介绍自己的网店昵称、发送商品优惠链接和店铺推广链接等。

- 步骤2:对话。

☑ 在与买家的对话中,了解买家的需求,根据商品的实际情况如实向买家反应,并提供适当的参考建议。

☑ 商品本身的沟通，包括质量、功能、是否为正品等。在回答买家的问题时，不能过于简短、生硬，要结合商品的特点和买家的提问，从专业的角度给予回答，尽量使买家满意。

☑ 商品本身的沟通，包括颜色、尺码和型号等。在买家咨询时，客服切忌惜字如金，应尽量详细地解答问题，消除买家的顾虑，让其心服口服。

☑ 如果买家咨询的商品刚好没货了，不要直接回复没货了，要通过引导的方式了解买家更多需求。当买家还没有目的性，不知道自己需要买哪款时，要有针对性地向买家推荐。

■ 步骤3：议价。

☑ 当买家嫌贵时，应委婉地建议买家全方位比较，一分钱一分货，还要看商品的材质、工艺、包装和售后等。

☑ 在不议价的情况下，适当优惠或送小礼品可满足个别买家追求更加优惠的心理。

■ 步骤4：支付。

买家有购买意向后，客服应引导买家拍下商品并付款。

■ 步骤5：物流。

客服应确认买家的订单能否直接送达，及时跟进查询，发现问题要第一时间通知买家并说明情况，避免因物流产生纠纷。

■ 步骤6：跟进。

☑ 买家拍下商品后，客服应该及时与其核实地址、电话等个人信息是否正确。另外，应特别关注个性化留言，做好备忘录，有效避免错发、漏发等情况，尽可能减少售后纠纷。

☑ 有些进程不是客服可以控制的，当买家得到的保证不能兑现时，会从期望变成失望，会责怪客服，使店铺声誉受损。因此，凡事要留有余地，不要把话说死。

■ 步骤7：结束。

交易结束，应与买家道别，要注重礼貌，给买家留下良好的印象。无论成交与否，都要表现得大方热情，特别是因为议价没有成交的，买家因为客服的诚恳、热情而回头购买的概率也很高。

五、网店客服的专业技能要求

除了具备良好的服务态度之外，作为客服人员还必须具备过硬的专业知识。

1. 语言文字表达能力

把问题说清楚是客服人员的基本能力，在实际的工作中，很多在线客服对买家想了解的信息并没有完全表达清楚。因此，要想成为一名网络客服，就必须基本具备语言文字表达能力，经常浏览淘宝网一些宝贝的描述页、产品说明，进行产品话术编写训练。

2. 敏锐的观察力和洞察力

客服人员还应该具备敏锐的观察力和洞察力，只有这样才能够把握客户的心理，了解客户需求，针对性地帮助客户解决问题。我们经常说"初级客服只能卖客户非买不可的产品，中级客服可以发现客户的显性需求，而高级客服能够发现客户的隐性需求。"

此外，在线客服还应该具备良好的人际沟通能力、专业地打字能力、资料收集能力以及善于学习能力等。

3. 熟悉平台规则

客服人员除了掌握具备以上能力外，还需要了解和熟悉相关平台规则。

店铺在运营过程中需要遵守国家法律法规，同时也要遵守平台规则。平台规则对于维护买卖双方的利益，规范平台用户行为有重要的意义。

4. 严禁泄露他人信息

泄露他人信息是指未经允许发布、传递他人隐私信息，涉嫌侵犯他人隐私权的行为。比如，淘宝对会员所泄露的他人隐私信息进行删除，每次扣除6分；情节严重的，每次扣除48分。

5. 严禁违背承诺

违背承诺是指卖家未按照约定向买家提供承诺的服务，妨害买家权益的行为。违背承诺的，卖家需履行消费者保障服务规定的如实描述、赔付、退货、换货和维修等承诺，或卖家需按照实际交易价款向买家或者淘宝提供发票，或卖家需向买家支付因违背发货时间而产生的违约金。

> **提示** 针对该条规则，提醒客服人员在与顾客沟通时，不要轻许承诺，如果主动向顾客提出某种服务承诺，那么就必须严格履行。例如，客服人员与顾客协商当天发货，如果未能履行，则顾客可以以违背承诺为理由进行投诉。

6. 禁止恶意骚扰

恶意骚扰是指客服采取恶劣手段骚扰他人、妨害他人合法权益的行为。恶意骚扰包括但不限于通过电话、短信、邮件等方式频繁联系他人，影响他人正常生活的行为。

> **提示** 针对该条规则，客服人员在处理与顾客之间的纠纷或者异议时，一定要注意不要频繁地联系顾客，以免影响顾客的正常生活与工作，应该在顾客方便的时间和以顾客容易接受的方式取得联系。在无法说服顾客时，也不得以骚扰的方式迫使顾客妥协，要做到有理、有礼节。

六、网店客服人员必备的基本素质和沟通技巧

把在线客服工作理解为仅仅是在和客户在网上交流，那只是服务客户的第一步。一个真正的在线客服应该具备良好的服务态度、专业的网店知识以及良好的沟通服务技巧，这可以帮助店铺塑造良好的形象，提高成交率，提高店铺客户的回头率。那么，客服人员应该具备哪些技能和素质呢？

1. 良好的服务态度

良好的服务态度是客服人员做好客户工作的基础。在工作中，我们应该树立顾客至上的服务理念，以热情谦和的态度来赢得顾客的认可。具体来说有以下几个方面：

（1）对待顾客要热情

对于客服人员，热情待客是做好客服工作应具备的服务态度。热情主动的客户服务态度让每位客户感受到不一样的温暖，在接纳客服人员的同时也会接受店铺的产品。那么如何做到热情待客呢？

①学会微笑待客。微笑是对顾客最好的欢迎。当顾客光临时，哪怕只是一声轻轻的问候也要送上一个真诚的微笑，虽然说网上与客户交流是看不见对方的，我们可以合理

使用表情，也能够达到很好的效果。无论哪一种表情都会将自己的情感讯号传达给对方。例如，

客户："你好，在吗？"

客服："您好！亲，欢迎光临！我和客服妮妮，感谢×××产品让我们相遇，有什么可以帮您呢？😊😊😊"

带微笑与不带微笑给人的感受完全是不同的。不要让冰冷的文字语言遮住你迷人的微笑。所以，客服人员在与客户沟通时，学会使用表情是一项必备的技能。不同表情包代表的不同含义，如图7-1所示。

微笑	偷笑	爱慕	爱心	拜拜
加油	忧伤	安慰	亲亲	玫瑰
害羞	天使	鼓掌	花痴	对不起

图7-1 聊天表情包

② 拒绝长时间无响应。顾客呼入的前10秒，被称之为"黄金10秒"。如果在线客服长时间没有响应的话，顾客会觉得被怠慢，不够热情，会愤然离开。因此，对于客服人员一定要在较短时间内，完成首次回复。如果在活动期间，客户咨询量大，客服人员可以利用系统的自动回复功能完成回复，以取得缓冲时间。因此，工作中及时主动地回复，不仅是考核客服人员的重要指标，也是客服人员自己必须具备的工作态度，是热情待客的重要体现。

（2）要有良好的自控能力

客户进店购买商品，便是有了购买需求，但很多客户对于初次接触的店铺都有着许多的疑问甚至质疑。"有些顾客是典型的十万个为什么？""还有些顾客需求认识不太清晰，思维比较混乱，回复时间较长。""还有些顾客对网店产品的价格、质量等问题存有怀疑，甚至说话粗俗不堪，带有挑衅。"遇到这种情况，客服人员一定要自控能力，避免和客户针锋相对，以免冲突的发生。例如，

客户"你们的颜色怎么是这个样子呀！"

客服花花："亲！非常抱歉，由于拍摄问题，产品的颜色可能略有偏差。"

客户："你们店铺的产品就是骗人的，假货！！给你们差评！"

客服花花："亲！如果您对产品不满意的话，我们可以帮您换一下，您看可以吗？"

自控力是就是控制好自己的情绪。客服作为一种服务工作，每天要面对形形色色的人，要想做好自己的工作，首先就要拥有一个积极乐观的心态。学会控制自己的情绪。只有这样才能够从容应对客户的蛮不讲理，耐心地解决客户咨询的问题。

实践小活动： 大家讨论一下，如何在工作中提升自控能力，你有什么好办法吗？和大家分享一下自己的经验吧！

（3）尊重顾客

网上购物的过程既是购物商品的过程，也是享受服务的过程。如果客服人员能够尊重客户，给客户良好的购物体验，就会赢得客户的信任，与客户建立良好的关系。反之，就会影响客户的购物体验，直接影响店铺的成交量。例如，

客户："我还是比较喜欢这款红色。"

客服花花："您确定？"

客户："怎么了？"

客服花花："这款商品的评价不如我给您推荐的粉色的哦。"

客户："但我就喜欢红色的。"

在此案例中，客服人员没有尊重顾客，一直对客户的选择进行质疑，很有可能导致顾客放弃购买产品。因此，客服人员应该树立尊重客户的服务心态。在实际工作中，尊重客户就是要求客服人员以客户为中心，尊重客户的提问，尊重客户的选择，不随意打断客户的咨询，学会倾听客户的需求。

（4）懂得使用礼貌用语

礼貌用语，例如，"您""请""谢谢""很高兴"会让客户感受到尊重，愿意主动和我们沟通。而不尊重的语言会让人产生反感，让客户远离我们。因此，接待顾客咨询时，我们要懂得使用礼貌用语，避免使用禁忌用语。客服人员常见的礼貌用语和禁忌用语，见表7-11。

表 7-11　客服人员常见的礼貌用语和禁忌用语

礼貌用语	禁忌用语
您、请、谢谢、很高兴	不行、随便你
我很高兴	我不知道
谢谢您	我现在很忙
很抱歉、请您见谅	这是你的原因
我十分理解您的感受	你可以自己看一下
您对我们很重要	你应该理解我们
我会以最快的速度回复您	你之间找的谁你就找他

2. 规范文字表达，选择正面积极表达

平时要注意提高修炼自己的内功，同样一件事不同的表达方式就会表达出不同的意思。很多交易中的误会和纠纷就是因为语言表述不当而引起的。在客户服务的语言表达中，应尽量避免使用负面语言。客户服务语言中不应有负面语言。例如，我不能、我不会、我不愿意、我不可以等，这些都叫负面语言。

1）在客户服务的语言中，没有"我不能"。当你说"我不能"的时候，客户的注意力就不会集中在你所能给予的事情上，他会集中在"为什么不能""凭什么不能"上。

正确方法："看看我们能够帮你做什么"，这样就避开了跟客户说不行，不可以。

2）在客户服务的语言中，没有"我不会做"。你说"我不会做"，客户会产生负面感觉，认为你在抵抗；而我们希望客户的注意力集中在你讲的话上，而不是注意力的转移。

正确方法："我们能为你做的是……"

3）在客户服务的语言中，没有"这不是我应该做的"。客户会认为他不配提出某种要求，从而不再听你解释。

正确方法："我很愿意为你做……"

4）在客户服务的语言中，没有"我想我做不了"。当你说"不"时，与客户的沟通会马上处于一种消极气氛中，为什么要客户把注意力集中在你或你的公司不能做什么，

或者不想做什么呢？

正确方法：告诉客户你能做什么，并且非常愿意帮助他们。

5）在客户服务的语言中，没有"但是"。"你穿的这件衣服真好看！但是……"，不论你前面讲得多好，如果后面出现了"但是"，就等于将前面对客户赞美都否定了。

正确方法：只要不说"但是"，说什么都行！

3. 因人而异，针对不同的客户选择恰当的沟通方式

（1）对商品了解程度不同的客户

- 对商品完全缺乏认识：这类客户对商品缺乏知识，对客服依赖性强。对于这样的客户需要我们像对待朋友一样去细心地解答，多从客户的角度考虑，并且告诉客户你推荐这些商品的原因。对于这样的客户，你的解释越细致，客户就会越信赖你。

- 对商品有些了解，但是一知半解：这类客户对商品了解一些，比较主观，易冲动，不太容易信赖。面对这样的客户，这时就要控制情绪，有礼有节耐心地回答，向客户展示你丰富的专业知识，让客户认识到自己的不足，从而增加对你的信赖。

- 对商品非常了解：这类客户知识面广，自信心强，问题往往都能问到点子上。面对这样的客户，要表示出你对客户专业知识的欣赏，表达出"好不容易遇到同行了"，用知己的口气和她探讨专业的知识，给客户来自内行的推荐，告诉她"这个才是最好的，你一看就知道了"，让客户感觉到自己真的被当成了内行的朋友，而且你尊重客户的知识，你给客户的推荐肯定是最衷心的、最好的。

（2）对价格要求不同的客户

- 有些客户很大方，说一不二，看见你说不允许砍价就不会再跟你讨价还价：对待这样的客户要表达你的感谢，并且主动告之优惠措施，会赠送什么样的小礼物。这样会让客户感觉物超所值。

- 有些客户会试探性地问能不能还价：对待这样的客户，既要坚定地告诉她不能还价，同时也要态度和缓地告诉客户我们的价格是物有所值的，并且谢谢他的理解和合作。

- 有些客户就是要讨价还价，不讲价就不高兴：对于这样的客户，除了要坚定重申我们的原则外，要有礼有节地拒绝他的要求，不要被他各种威胁和乞求所动摇。适当的时候建议他再看看其他便宜的商品。

（3）对商品要求不同的客户

- 疑虑太多的客户。

例如，客户会问图片和商品是一样的吗？

对于这样的客户要耐心给他们解释，在肯定商品是实物拍摄的同时，要提醒客户难免会有色差等，让客户有一定的思想准备，不要把商品想象得太过完美。

- 挑剔的客户。

在沟通的时候就可以感觉到，客户会反复问"有没有瑕疵""有没有色差""有问题怎么办？""怎么找你们"等问题。这个时候就要意识到这是一个追求完美主义的客户，除了要实事求是地介绍商品，还要实事求是地把一些可能存在的问题都介绍给客户，如果客户还坚持要完美的商品，可以告诉客户如果不满意可以申请退换货等。

七、分析不同消费群体的心理与需求

（一）不同年龄段的客户消费心理与需求

1. 16～25岁的客户

处于这一年龄段的客户群体大多在经济上还未能真正独立。有些人还是大学生，他们仍然要依靠父母；有些人刚刚参加工作，正处于收入不稳定或较低的时期。在这种制约条件下，他们在消费过程中自然承受不起超过他们能力范围的商品价格。可以说，该年龄段的客户还未形成成熟的消费习惯和心理。不过，这并不代表他们不具备购买能力。相反，由于他们年轻气盛，接受新事物的能力比较强，追求时尚，尤其是对新上市的时髦商品特别感兴趣。所以，他们的购买心理虽尚未成熟，但其购买力却不容小觑。积极、冲动的购买习惯使他们极有可能成为店铺的第一批客户。对于这一年龄段的客户来说，客服可以向他们推荐一些时尚商品。客服在说服他们购买该商品时，可以详细介绍该商品在市场中的知名度及其独特性。因为他们热衷于个性化的商品，一旦看好某件商品，基本不会在意商品的价格，会毫不犹豫地购买。

2. 26～30岁的客户

这一年龄段的客户属于热情型的消费群体。不管他们是否已成家，其追求新鲜事物的热情一点不亚于26岁以下的客户，如年轻人般的消费冲动依然存在。与26岁以下的客户不同的是，他们已有稳定的收入，一部分人甚至拥有非常不错的薪资待遇，所以他们在购物时只要遇到中意的商品很快就会选择下单。在与该年龄段的客户沟通时，可以先了解对方是否成家，然后再进行推荐。

一般来说，单身客户的生活比较自由，可以根据自己的需要随意购买任何价值的商品。除此之外，他们特别注重自己的着装，在意他人对自己的看法，尤其挑选商品的眼光，他们在购物时更注重商品的品牌和质量。对于刚成家的客户来说，他们的生活节奏比较快，更注重提升生活品质及乐趣的商品。对于已有孩子的客户来说，他们更关注孩子用品，需要注意的是，客服在向该年龄段的客户推荐商品时，尽量做到言简意赅，因为他们大多忙于工作和生活，没有太多时间与人闲聊。

3. 31～45岁的客户

这一年龄段的客户属于比较成熟的消费群体，他们当中的绝大多数人已拥有了稳定的收入和相对成熟的消费观念，一旦认可某个品牌的商品或形成某种消费偏好是很难改变的。因此，他们通常是店铺内最忠实的客户。一般来说，该年龄段的客户往往对某些实用价值较高的新商品比较感兴趣。同时，他们还会关注那些能够改善家庭生活条件的商品。如果客户是女性，那么她们最感兴趣的就是化妆品和保养品。与该年龄段的客户沟通时，客服一定要先了解他们喜欢的商品类型，然后对症下药，并向他们详细介绍商品的特点、用途、成分以及品牌背景。只要推荐的商品正是他们所需要的商品，且价格公道，他们通常都会购买。

4. 46岁及以上的客户

46岁及以上年龄段的客户一般拥有一定的经济基础，且没有太大的生活压力，生活比较悠闲，更关注保健品或营养品。不过，该年龄段的客户已形成非常成熟的消费观，喜欢购买熟悉的商品，他们对新商品常常持怀疑的态度，因而他们通常不会轻易选择新上市的商品。可以在店铺搞促销活动时，向该年龄段的客户推荐营养品，他们往往非常乐意购买，或者向他们推荐客户反馈不错的商品，以此来吸引客户消费。不过，在与该年龄段客户沟通的过程中，在向他们夸赞商品时，也要适时地夸赞客户的眼光，这样会进一步拉近与客户之间的距离，客户下单的可能性就会更大。

（二）不同性别的客户心理与需求

除了不同年龄的客户的消费心理和需求不同外，男性与女性在实际消费过程中的消费心理与需求也有很大差别。

1. 男性客户

一般来说，男性客户购买商品时通常比较理智，大多数是有目的地去选择自己感兴趣的商品。男性客户通常比较关注商品的用途、质量和功能，而不太在意商品的价格。只要推荐的商品的质量和功能都不错，价格也比较合理，他们大多会十分痛快地选择下单。

2. 女性客户

女性客户往往与男性客户不同，她们喜欢货比三家，更多关注性价比较高的商品，对商品的质量和价格较为在意。同时，她们又具有冲动消费的特点。通常她们购买的商品大多是通过与他人闲聊来获取商品信息的。例如，某家店铺的商品正在搞促销活动，商品质量不错且性价比较高，然后她们就很有可能前去购物。除此之外，她们在日常购物时挑选商品较为仔细，希望以最低的价格购买到最优质的商品。所以，在店铺搞促销活动时，向她们推荐性价比较高的商品，相信总有一款是她们喜欢的。

（三）不同社会角色的客户消费心理与需求

除了年龄和性别有所区别外，客户的社会角色也不同，其消费心理与需求也存在很大差异。在与客户沟通时，可以先了解客户的社会角色，例如，学生、公务员或家庭主妇等，再根据社会角色的特点进行推荐，这样就能有效促进销售。

1. 学生

对于学生来说，由于他们没有经济来源，主要依靠父母，其购买能力自然受到一定的限制，但这并不影响他们追求时尚商品的热情。正因为他们年轻、喜欢表现自己、追求个性且接受新事物的能力较强，所以可以向他们推荐一些流行的时尚商品，尤其是一些即将上市的商品，只要商品价格在他们的承受范围内，他们是非常乐于购买的。

2. 公务员

在客户群体中，公务员的购买能力是不容小觑的，虽然他们可能没有白领的收入高，但他们的收入较为稳定，待遇也不错。他们比较关注有助于提高生活品质的商品，而对商品价格并不太在意，更在意商品的质量和用途。基于以上特点，在给他们推荐商品时，需要耐心地与他们沟通，了解他们购买商品的类型及用途，同时详细介绍商品的优点。通常情况下，只要推荐的商品符合他们的真实需求，他们会很快下单。

3. 普通企业员工

普通企业员工是一个庞大的群体，他们肩负着家庭的重担。所以，他们购买商品时比较在意的是商品的实用性，在向他们介绍商品时，要强调商品的实用性，这样才能吸引他们购买。

4. 白领职工

相对普通企业员工来说，白领职工的收入较高，且拥有较好的待遇。他们比较关注高品质且符合他们身份、地位的商品，在与他们沟通时，可以先了解他们的购买动机，然后再向他们推荐高品质的商品。只要推荐的商品符合他们的要求，他们一般都会非常痛快地下单。

5. 家庭主妇

虽然家庭主妇不工作，没有收入来源，但她们也是非常庞大的消费群体。这是因为日常生活所需的日用品以及家庭成员所需的物品大多是由她们来购买。她们在购买商品时，通常对搞促销活动的商品非常感兴趣。在与她们沟通时，客服可以向其推荐一些有质量保证、价格合理的生活日用品，她们通常情况下都会选择下单。

6. 农民

近年来，随着智能手机的普及以及消费者习惯的改变，很多农民也加入了网购或者说是手机购物的行列中。他们最看重的是商品的价格和实用性。在与他们沟通时，客服可以向其介绍一些价格便宜且具有实用价值的商品。

总而言之，只要能够掌握不同客户的消费心理与需求，就能为其推荐符合他们真实需求的商品。对客户来说，这样做不仅能为客户节省挑选商品的时间，还能让客户觉得客服比较体贴且善解人意。对于客服来说，这样不仅能促使客户快速下单，还能提高店铺的销量。所以了解客户的消费心理与需求对一名网店客服来说非常重要，这是促进店铺快速发展的基本前提。

八、掌握客户心理及应对措施

必须弄清楚客户的心理，知道客户在想什么，然后才能根据实际情况，进行有针对性的有效沟通，进而加以引导。因此，洞悉客户的购物心理极其重要。

（一）客户犹豫不决心理

许多客户即使有意购买，也不喜欢迅速下单，总是挑三拣四、再三犹豫，这时候客服要掌握客户心理从而促成交易。

沟通方案1：客户已经有比较明显的购买意向，但还在犹豫中。可以利用客户"怕买不到"的心理来促成订单，如图7-2所示。

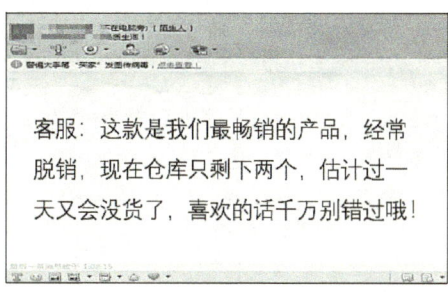

图 7-2　利用客户心理促成订单 1

沟通方案 2：客户犹豫不决拿不定主意时，使用"二选一"的话术技巧，只要客户选中一个，接下来就是客服帮客户拿主意，如图 7-3 所示。

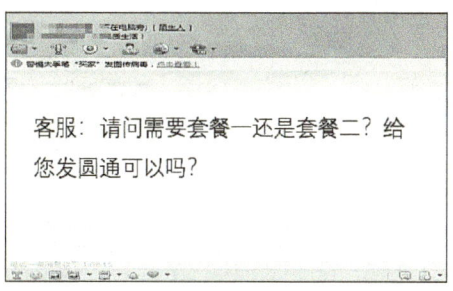

图 7-3　利用客户心理促成订单 2

沟通方案 3：大多数客户希望在付款后越快寄出商品越好，这种方法对于可以在线支付的客户尤为有效，如图 7-4 所示。

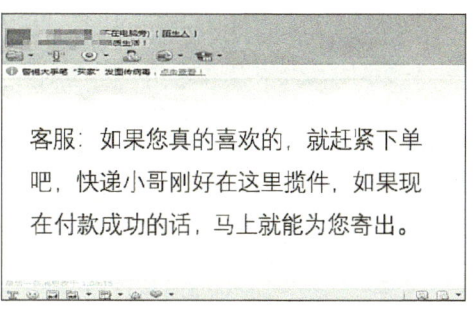

图 7-4　利用客户心理促成订单 3

（二）客户讨价还价心理

许多客户对商品属性、质量等已经没有什么疑问了，但对于商品价格还存有疑虑，喜欢讨价还价，要求客服再给优惠。

沟通方案：已经到了讨价还价的环节，说明客户已经有比较明显的购买意向了，讨价还价是为了满足自己购买的商品物超所值的心理。客服可以根据客户的这种心理，给出一些非价格优惠的沟通措施，如图 7-5 所示。

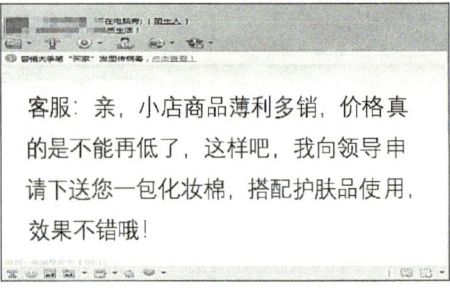

图 7-5　利用客户心理促成订单 4

（三）客户担心心理

客户担心心理及对应策略见表 7-12。

表 7-12　客户担心心理及对应策略

客户心理	对应策略
担心卖家信用不可靠	对于客户这类担心，可以用交易记录、客户好评等来对其进行说服
质疑价格：价格低是不是商品有问题	对于客户这类担心，可以用交易记录、客户好评等来对其进行说服
选择困难症：同类商品那么多，到底该选哪一个	可尽量以地域优势（如：物流发货较快），以服务优势说服客户
交易安全：交易方式是用银行卡还是支付宝	可以以支付宝安全交易的说明来打消客户顾虑
顾虑较多：客户担心收不到货、货实不符、货物损坏、退货邮费谁来承担等问题，因此犹豫不决，迟迟不付款	可以以售后保障、消费者保障服务等向客户进行保证，给予其信心

（四）客户其他消费心理及应对措施

1. 求实心理

策略：在商品描述中要突出其性价比、耐用等字眼。

2. 求新心理

策略：在介绍商品时突出"时髦""奇特""明星同款"之类字眼，并在图片处理时尽量鲜艳。

3. 求美心理

策略：销售护肤品、化妆品、服装的卖家，要注意文字描述中写明"包装""造型"

等字眼。

4. 求名心理

客户消费动机的核心是"显示"和"炫耀",同时对名牌有一种安全感和信赖感。

策略:采取投其所好,可赞美客户眼光好、有品位。

5. 求廉心理

"少花钱多办事"的客户心理动机,其核心是"廉价"。

策略:可以结合店铺或商品优惠,说明其价格实惠,值得购买。

6. 偏好心理

策略:只要了解客户的喜好,在商品文字描述之中可以加一些"值得收藏"之类的字眼。

7. 猎奇心理

策略:对于这类客户,可以强调商品的新奇独特,并赞美客户"有远见""识货"。

8. 从众心理

策略:可以根据客户这种心理总结出商品的优势,例如,某商品广告词"×××商品每年卖出1亿件,可放心购买!"再加上价格的优势,很容易聚拢人气,后来者就源源不断。

9. 隐秘性心理

有些客户不愿让别人知道自己购物的商品。

策略:可以强调包装及物流的隐秘性,在物流包装上不会展示商品名称。

10. 疑虑心理

策略:可以向客户展示店铺荣誉、商品销量和客户好评等信息,让客户了解自己的商品质量经得起考验。

11. 安全心理

客户担心食品、卫生用品和电器等物品的安全性。

策略:可以向客户介绍清楚商品工艺、材质,展示检测报告等方式,用上"安全""环保"等字眼,效果往往比较好。

九、与网店客户服务沟通技巧相关的 KPI 指标

1. 响应时间

定义：

首次响应时间：指该客服对客户首次咨询回复用时的平均值。

平均响应时间：指该客服对客户每次咨询回复用时的平均值。

重要性：客户咨询后，客服人员长时间无回应，很容易导致客户流失，从而使店铺交易量下滑。回复率和响应时间，是考核客服人员的工作态度及状态的重要指标。

行业标准：首次响应时间要求6秒以内，业内称"黄金6秒"。平均响应时间15～20秒。如果让客户等待时间过长，会导致客户不耐烦，从而影响后期交易下单。

关联因素：客服服务意识、客服业务知识储备、客服录入速度、快捷语设置。

2. 答复比

定义：答复比是客服人员与客户之间对话字数的比率。

重要性：热情、周到和全面回答客户的问题，让客户感受到高品质的服务，可以增强客户好感度，从而促成订单成交。

行业标准：客服人员与客户之间字数比率在110%～150%之间。

计算公式：答复比＝客服回复字数/客户提问字数。

关联因素：客服工作积极性、产品熟悉度、回复技巧、回复速度。

3. 回复率

定义：回复率指的就是客服人员与客户之间对话句数的比率。

重要性：因为客户网购看不到实物，所以沟通显得特别重要。及时、周到、礼貌地回复客户，可以增强客户购物感，进而促进成单。

行业标准：最少要求100%。即客户的每一次提问，客服人员必须进行及时的回复，除此之外，客服人员还可以适当加一些解释及辅助说明，进而达到让客户快速地了解产品，快速下单的目的，避免同一问题过于频繁地回复客户，容易造成客户不耐烦。

计算公式：回复率＝客服人员回复的句数/客户提问的句数。

关联因素：回复技巧、服务意识、专业知识。

4. 客户满意度

定义：服务满意度是指客服人员在解答关于产品售前、售中、售后以及产品相关问

题时所采取的服务措施令客户满意的程度。

重要性：客户满意度可以直接影响店铺销售业绩，客户的满意度提升，有助于提高客户的重复购买率，引导成为我们的回头客。

行业标准：不同店铺可以通过多种方式，对客户进行满意度回复的调研，行业参考标准约为85%以上。过低的满意度会导致客户对店铺商品质量、服务态度等极度不信任。

计算公式：满意度＝评价结果满意数量/所有参评数。

关联因素：产品质量、产品价格、物流配送、售后服务。

拓展阅读

中国电商领先全球

随着互联网的迅猛发展，电子商务在我国迅速崛起并取得了巨大的成功。如今，我国已经成为全球电商规模最大的国家，比其他国家之和还多出2%以上，这标志着我国电商产业在全球市场中的竞争力得到了极大的提升。

截至2023年6月，我国网民规模达10.79亿人，较2022年12月增长1109万人，互联网普及率达76.4%，网民中使用手机上网的比例为99.8%。

作为数字经济的重要业态，电子商务在助力消费增长中持续发挥积极作用。国家统计局公布数据显示，今年前三季度，全国网上零售额10.8万亿元，增长11.6%，比社会消费品零售总额增速高出了4.8个百分点。其中，实物商品网上零售额同比增长8.9%，占社会消费品零售总额的比重，比上年同期提升了0.7个百分点。网购成为消费者主要的消费和购物方式之一，网购能够凝聚消费潜力、激活消费有效动能。

GlobalData首席银行与支付分析师拉维·夏尔马说："过去5年，中国电子商务市场发展迅速，这主要得益于科学合理的产业政策、智能手机的快速普及、互联网渗透率的不断提高、网购用户数量的增加，以及支付宝和微信支付等支付解决方案的方便。"

他还表示"得益于消费者对网购的偏好、支付基础设施的改善，以及支付工具的普及，中国电子商务市场将继续增长。预计2023年至2027年，中国电子商务市场将以11.6%的年复合增长率强劲增长，到2027年将达到23.5万亿元人民币。"

参 考 文 献

[1] 闫新波,阮瑞华. 呼叫中心客户服务与管理(基础知识)[M]. 北京:机械工业出版社,2020.

[2] 劲文颖,冯俊芹. 呼叫中心客户服务与管理(初级技能)[M]. 北京:机械工业出版社,2020.

[3] 苏朝晖. 客户服务实务[M]. 北京:清华大学出版社,2020.

[4] 张超. 客户沟通能力教程[M]. 北京:中央广播电视大学出版社,2011.